INTERPRETACIONDELA
GUITARRARITMICADELROCK

Método completo para la guitarra rítmica del rock

JOSEPH**ALEXANDER**

FUNDAMENTAL**CHANGES**

Interpretación De La Guitarra Rítmica Del Rock

Método completo para la guitarra rítmica del rock

Publicado por **www.fundamental-changes.com**

ISBN: 978-1-911267-18-8

Derechos de autor © 2019 Joseph Alexander

Traducido por: E. Gustavo Bustos

El derecho moral de este autor se ha reconocido.

www.fundamental-changes.com

Enormes agradecimientos al maravilloso Rob Thorpe quien grabó todos los ejemplos de audio de este libro.

Nota del autor / editor:

Los ejemplos musicales de este libro están escritos "al estilo de" artistas o bandas mencionados en el texto. Los ejemplos en la notación están diseñados para dar una gran similitud y proporcionar solo una visión estilística de los subgéneros particulares de la música rock con fines educativos. Los ejemplos de ninguna manera constituyen transcripciones de canciones ni deben ser considerados versiones exactas de la música en cuestión.

*Si usted siente que su propiedad intelectual se ha infringido de algún modo, por favor ponerse en contacto a través de **www.fundamental-changes.com***

Otros libros de Fundamental Changes

Guía completa para tocar guitarra blues – Libro 1: Guitarra rítmica

Guía completa para tocar guitarra blues – Libro 2: Fraseo melódico

Guía completa para tocar guitarra blues – Libro 3: Más allá de las pentatónicas

Guía completa para tocar guitarra blues – Compilación

El sistema CAGED y 100 licks para guitarra blues

Cambios fundamentales en guitarra jazz: la ii V I mayor

Solos de jazz blues para guitarra

Escalas de guitarra en contexto

Acordes de guitarra en contexto

Dominio de los acordes en guitarra jazz (Acordes de guitarra en contexto –Parte 2)

Técnica completa para guitarra moderna

Dominio de la guitarra funk

Teoría, técnica y escalas – Compilación completa para guitarra

Dominio de la lectura a primera vista para guitarra

El sistema CAGED y 100 licks para guitarra rock

Guía práctica de la teoría musical moderna para guitarristas

Lecciones de guitarra para principiantes: Guía esencial

Solos en tonos de acorde para guitarra jazz

Guitarra rítmica en el heavy metal

Guitarra líder en el heavy metal

Solos pentatónicos exóticos para guitarra

Continuidad armónica en guitarra jazz

Solos en jazz – Compilación completa

Compilación de acordes para guitarra jazz

Fingerstyle en la guitarra blues

Solos en rock melódico para guitarra

Pop y rock para ukulele: Rasgueo

Contenido

Introducción

La música rock abarca una amplia gama de géneros, sonidos y estilos. Desde los inicios del rock n' roll a finales de los años 50, pasando por el heavy metal de los años 80, hasta el rock indie y alternativo de hoy en día, la guitarra siempre ha ocupado el primer plano y está en la vanguardia del estilo.

El dominio de las habilidades rítmicas y técnicas necesarias para tocar la guitarra rock también responderá a las preguntas acerca de cómo tocar partes de guitarra rítmica sólidas en cualquier otro estilo de música.

Este libro se divide en dos partes y deberías trabajar en las dos al mismo tiempo. La Primera parte cubre todo lo que necesitas saber acerca de la comprensión del ritmo y la construcción de *grooves* de rock sólidos y definidos a partir de conceptos fundamentales. En esta sección aprenderás cómo funciona el ritmo en la música y, partiendo de estos elementos básicos, aprenderás rápidamente a armar partes de guitarra rítmica interesantes y detalladas. En la Primera parte vas a construir tu técnica de guitarra y tu comprensión teórica de cómo funciona el ritmo en la guitarra, al mismo tiempo que dominas su interpretación.

Construyendo a partir de los conceptos fundamentales nunca estarás confundido acerca de cómo interpretar un ritmo en la guitarra. Al desarrollar la confianza y la consistencia en esta etapa te resultará fácil luego acelerar cualquier riff que estés tocando para que esté de acuerdo con los estándares requeridos por la música rock rápida moderna.

El objetivo de la Primera parte es solidificar un enfoque consistente y preciso para tocar la guitarra rítmica del rock. Esto será muy beneficioso para ti, sea cual sea el estilo de música que toques.

En la Primera parte también vamos a ver la construcción de un repertorio de tipos de acordes y variaciones importantes que se utilizan comúnmente para construir riffs e ideas musicales en la guitarra del rock. Vamos a estudiar cómo utilizar acordes abiertos, acordes de quinta (power chords) y acordes con cejilla completa y parcial. Luego, vamos a ver cómo combinar estas ideas de acordes con riffs de notas individuales para elaborar partes de guitarra interesantes y sofisticadas.

La Segunda parte le da una mirada en detalle a la forma en que la guitarra rock se ha desarrollado durante los últimos cincuenta años. Contiene muchos riffs reales inspirados en las bandas más importantes de cada década. Aquí es donde se ponen en práctica la teoría y la técnica para crear ejemplos musicales que consolidan las habilidades desarrolladas en la Primera parte.

Se muestran riffs "al estilo de" para cada movimiento importante de la guitarra rock, desde el *rockabilly* hasta el *shred* de los años 80. Se incluyen ejemplos modernos de "indie", así como los clásicos que definieron a los años 60 y 70.

La guitarra rock puede ser un género técnicamente exigente, así que para ayudarte a desarrollar tus habilidades más rápidamente, te recomiendo que uses este libro junto con mi otra guía de guitarra que es un éxito en ventas, "Técnica completa para guitarra moderna". Te recomiendo bastante que trabajes a través de las secciones de *Técnica completa* junto con este libro para construir tu técnica y obtener el máximo provecho de los riffs de rock y de los conceptos que se enseñan aquí.

La idea detrás de *Guitarra rítmica del rock* es simple: combinar la técnica y la comprensión del ritmo con el conocimiento de acordes en la Primera parte, antes de convertir estas habilidades en música práctica en la Segunda parte. No hay necesidad de trabajar este libro en orden y te animo a trabajar con la Primera parte y la Segunda parte al mismo tiempo.

Cada ejercicio de este libro viene acompañado de un ejemplo de audio que se puede descargar de forma gratuita en **www.fundamental-changes.com**. Te recomiendo que visites la página ahora para obtener el audio, ya que te ayudará a aprender y entender cada ejemplo mucho más rápidamente. Simplemente haz clic en la pestaña "Descargar audio" y selecciona este libro en el menú desplegable.

Descarga el audio a tu computadora (no directamente a tu iPad, Kindle o teléfono). Extrae el archivo de audio en formato .zip y luego impórtalo a tu biblioteca multimedia. Es muy simple y hay una guía de ayuda en la página de descarga por si tienes dificultades.

Aprender música se trata de *escuchar* cómo debería sonar la música. A veces es imposible mostrar el matiz y la sensación de la música cuando se escribe en tablatura y en notación, por lo que te recomiendo bastante que escuches el audio para obtener el máximo provecho de los 152 ejemplos de este libro.

La descarga de audio también contiene pistas de acompañamiento esenciales que te permiten tocar en conjunto con los ejemplos, a la vez que te ayudan a desarrollar una sensación de guitarra rock estupenda.

El concepto detrás de este libro es ayudarte a dominar e interiorizar las habilidades esenciales en la guitarra rock, y aprender a ver cómo estos elementos fundamentales han sido utilizados para crear algunos de los riffs y canciones más importantes de los últimos cien años. Una vez dominados, estos elementos fundamentales te permitirán aprender, asimilar o *crear* rápidamente cualquier tipo de música de guitarra rock que oigas en tu cabeza.

¡Que te diviertas!

Joseph

Obtén el audio

Los archivos de audio de este libro se pueden descargar de forma gratuita en **www.fundamental-changes.com** y el enlace se encuentra en la esquina superior derecha. Sólo tienes que seleccionar el título de este libro en el menú desplegable y seguir las instrucciones para obtener el audio.

Te recomendamos descargar los archivos directamente a tu computador, no a tu tableta, y extraerlos allí antes de añadirlos a tu biblioteca multimedia. Luego, ya puedes ponerlos en tu tableta, iPod o grabarlos en un CD. En la página de descarga hay un archivo de ayuda en PDF y también ofrecemos soporte técnico a través del formulario de contacto.

Kindle / eReaders

Para sacarle el mayor provecho a este libro, recuerda que puedes pulsar dos veces cualquier imagen para verla más grande. Apaga la "visualización en columnas" y mantén tu Kindle en modo horizontal.

Primera parte: Los elementos fundamentales

Capítulo 1: Entendiendo el ritmo

La mayoría de las partes de guitarra rítmica del rock se forman a partir de divisiones rítmicas de negras, corcheas y semicorcheas. Es esencial desarrollar la comprensión y el control de cómo funcionan y cómo se sienten estos patrones con el fin de producir piezas auténticas y precisas en la guitarra.

Los ejercicios de este capítulo comienzan de una manera sencilla, aunque aprenderás rápidamente cómo pueden volverse más complicados, potentes y musicales.

Comenzaremos examinando cómo construir partes de guitarra rítmica a partir de cero y trabajaremos para tocar combinaciones precisas y musicales de cualquier ritmo en la guitarra. A medida que comenzamos a agregar acordes a estas ideas rítmicas la música se llena de repente de posibilidades.

Las semicorcheas dividen un compás de música en dieciséis partes iguales. Hay cuatro divisiones iguales de un pulso (o un tiempo) en un compás que contiene cuatro pulsos (tiempos). Las semicorcheas son la división común más pequeña del pulso en la guitarra rítmica del rock y también nuestro eventual objetivo rítmico. Cuando somos capaces de entender, sentir y *tocar* cualquier ritmo con semicorcheas, sabemos que hemos formado una base rítmica sólida para todo lo que pueda venir.

Antes de tocar las semicorcheas, vamos a desarrollar la precisión con subdivisiones más pequeñas del pulso (negras y corcheas) para que podamos dominar la colocación de cada nivel rítmico.

En la música rock, la mayoría de los ritmos que vas a tocar estarán basados en combinaciones de negras y corcheas. Los ritmos de semicorcheas aparecen en ritmos de rock *más pesados* (piensa desde Van Halen hasta Metallica), por lo que en términos de tu desarrollo como guitarrista, mira el trabajo hacia ritmos precisos de semicorcheas como un nivel adicional de habilidad técnica que deberías alcanzar.

Estarás inclinado a tocar más semicorcheas si estás en el lado más pesado del rock pero, incluso si no lo estás, las semicorcheas son de todos modos un componente esencial del arsenal de cualquier guitarrista de rock excelente.

Vamos a empezar por dividir un solo compás de música en cuatro pulsos uniformes (negras). La ejecución correcta de este ritmo puede parecer simple, pero es fundamental para todo lo que vayas a tocar en la guitarra.

En el siguiente ejemplo, presta atención a las instrucciones de rasgueo escritas debajo de cada nota. El desarrollo de la consistencia en la mano que rasguea es muy importante porque nos permite mantener el tiempo con precisión y sentir exactamente dónde estamos en el compás.

Cabe señalar que cualquier idea rítmica con acordes también se puede utilizar como un ritmo en un solo de guitarra.

Escucha el ejemplo 1a antes de tocar junto con la grabación.

Ejemplo 1a:

Silencia las cuerdas de la guitarra con tu mano del diapasón para crear un sonido *scratch* o "golpeado". Esto se puede lograr poniendo los dedos de la mano del diapasón ligeramente sobre todas las seis cuerdas para apagar el sonido.

Evita presionar las cuerdas demasiado fuerte o de lo contrario vas a hacer que suenen notas indeseadas. Además, ten cuidado de evitar la creación de *armónicos* al pulsar ligeramente por accidente sobre el traste 5to o el 7mo. Tu objetivo es crear un sonido apagado y silenciado para que puedas oír con precisión dónde está cayendo cada rasgueo.

Toca el ejemplo 1a con un metrónomo a 60bpm. Los pequeños círculos encima de cada rasgueo representan el clic del metrónomo. Asegúrate de que todos los rasgueos hacia abajo estén perfectamente sincronizados con el clic. Esto puede ser engañosamente difícil al principio. Centrar tus oídos el clic y no en tu rasgueo puede ser de gran ayuda.

Ahora, divide cada rasgueo hacia abajo (negra) en dos, creando así corcheas. Para ello, agrega un rasgueo hacia arriba justo en el medio de cada rasgueo hacia abajo. Una vez más, el pequeño círculo representa el clic del metrónomo y cada rasgueo hacia abajo debería sincronizarse perfectamente con el clic. El rasgueo hacia arriba debería colocarse exactamente en el medio de cada par de rasgueos hacia abajo.

Ejemplo 1b:

Intenta el ejercicio 1b a diferentes velocidades. Comienza a 60bpm y poco a poco aumenta la velocidad hasta 120bpm, aumentando gradualmente la velocidad del metrónomo alrededor de 8bpm cada vez que comiences a sentirte cómodo. La clave es *escuchar* la colocación de tu rasgueo hacia abajo. Este siempre se debería sincronizar perfectamente con el clic del metrónomo.

A continuación, intenta reducir la velocidad del metrónomo hasta 40bpm o menos. Tocar con precisión en un tempo lento es más difícil que en los tempos más rápidos porque tenemos que dividir mentalmente un mayor lapso de tiempo.

Por último, pasa a tocar en divisiones de semicorcheas del compás "duplicando" los rasgueos del ejemplo anterior. Ahora estás tocando *cuatro rasgueos por cada clic del metrónomo*.

Comienza con el metrónomo a 60bpm y concéntrate en la colocación del *primero* de cada grupo de cuatro rasgueos directamente en el clic. Toca una secuencia de *abajo-arriba-abajo-arriba* por cada clic del metrónomo.

Trata de acentuar el primero de cada cuatro rasgueos atacando las cuerdas un poco más fuerte. Esto te ayudará a mantenerte en el tiempo.

Escucha atentamente el ejemplo de audio para tener la sensación de esto y para comprobar tu exactitud.

Ejemplo 1c:

A medida que tu exactitud comience a mejorar, aumenta la velocidad del metrónomo en incrementos de 8bpm y poco a poco aumenta hasta 120bpm, aunque nunca deberías sacrificar la exactitud por la velocidad. Si el tempo es demasiado difícil, reduce un poco la velocidad y trabaja en ráfagas cortas para desarrollar tu resistencia.

También, construye tu exactitud reduciendo la velocidad del metrónomo hasta 50 o incluso 40bpm. Tocar más despacio requiere un mayor control y enfoque por lo que es una gran manera para desarrollar tu habilidad.

Luego, repite los tres ejercicios anteriores, pero esta vez, en lugar de rasguear una sola cuerda silenciada, toca cada ritmo con un solo "acorde de quinta" (power chord). (Mira el capítulo 6 para más información de estos acordes).

Los acordes de quinta se discutirán en detalle más adelante, pero por ahora asegúrate de tocar sólo las cuerdas indicadas en el diagrama del acorde y en la notación. Si lo deseas, puedes silenciar las cuerdas de la guitarra un poco permitiendo que el "talón" (piel) de la mano que puntea toque ligeramente las cuerdas cerca al puente de la guitarra.

Observa que tocar notas pulsadas en los trastes se siente un poco diferente que tocar cuerdas silenciadas por lo tanto se debe practicar por separado. También puedes experimentar variando la presión de tu mano del diapasón para crear notas más o menos silenciadas.

Al tocar los siguientes ejemplos añade un poco de ganancia (crunch) a tu amplificador para ayudarte a aprender a lidiar con un amplificador que está ligeramente distorsionado. Mantén la distorsión sutil y experimenta con tu posición de silenciamiento de la mano que puntea para mantener el sonido articulado y definido.

Ejemplo 1d:

Al tocar los ritmos de guitarra rock, hay dos maneras de abordar la interpretación de corcheas consistente. La primera, como se podría esperar, es utilizar el enfoque más "obvio" técnicamente y tocar las corcheas con rasgueos alternantes abajo-arriba como lo hicimos en el ejemplo 1b. Esto se muestra a continuación:

Ejemplo 1e:

Sin embargo ... un concepto extremadamente importante para entender es que los guitarristas rítmicos tienden a sentir las divisiones de corcheas como los ritmos más fuertes de una canción.

La batería y otros instrumentos acentuarán el pulso de negras principal de 1, 2, 3, 4, pero los guitarristas de rock tienden a "encasillarse" en el pulso de corcheas de la canción y a usarla como su división básica. Escucha los primeros trabajos de Black Sabbath para tener una idea de esto. El riff del verso principal de *Paranoid* es un gran ejemplo.

Por esta razón, los guitarristas suelen tocar todas las corcheas como rasgueos hacia abajo y esto contribuye en gran medida a los enérgicos ritmos de rock con corcheas.

Ejemplo 1f:

Compara cómo se siente tocar los dos ejemplos anteriores tocando junto con la pista de acompañamiento 1 y nota la sensación diferente que se crea en cada ejemplo.

La forma en que rasguees un patrón rítmico dependerá a menudo del tempo y del estilo de la canción, pero la mayoría de los guitarristas de rock tocan los ritmos de corcheas continuas con rasgueos hacia abajo en su totalidad al igual que en el ejemplo 1f.

Cuando pasamos a las divisiones de semicorcheas, la mayoría de los intérpretes las tocan con rasgueos alternos hacia abajo y hacia arriba (aunque muchos intérpretes modernos de "Thrash" y "Death" metal tocan las semicorcheas con rasgueos hacia abajo exclusivamente). Por ahora te sugiero ceñirte al rasgueo alternado para los ritmos de semicorcheas.

Al tocar ritmos de semicorcheas es fácil que las notas se mezclen formando un sonido sin definir (especialmente cuando se toca con distorsión). Asegúrate de utilizar un *palm muting* ligero para ayudar a articular cada rasgueo.

Practica el siguiente ejemplo para desarrollar la interpretación de ritmos de semicorcheas consistentes.

Ejemplo 1g:

Para continuar desarrollando la precisión, y para practicar los movimientos entre los diferentes niveles rítmicos, intenta el siguiente ejercicio que se mueve entre negras, corcheas y semicorcheas.

Ejemplo 1h:

Para ayudar a controlar tu punteo y mejorar tu precisión, intenta posar el talón de tu mano que puntea en las cuerdas inferiores (no utilizadas) de la guitarra. Mantén la tensión en tu mano que puntea tan ligera y relajada como sea posible, pero mantente atento de que la piel del talón de la mano roce continuamente las cuerdas sexta y quinta para amortiguarlas.

El secreto para desarrollar la precisión en este tipo de ejercicio es centrarse más en el clic del metrónomo que en el sonido de la guitarra. Si pones tu atención sobre el metrónomo, te descubrirás tocando aún más sincronizado. Esto también es cierto cuando se toca con una banda: al centrarnos en el ritmo y la música de los demás, a menudo podemos encontrarnos tocando mucho más en sincronía con el groove y con una excelente sensación.

Además, aunque no se vea tan bien, pero marcar el pulso con el pie te ayudará rápidamente a interiorizar las divisiones rítmicas y a desarrollar tu sentido del tiempo.

Luego, aumenta la frecuencia a la que cambias de divisiones rítmicas:

Ejemplo 1i:

Trata de combinar diferentes subdivisiones rítmicas y de añadir acordes de quinta (power chords) para hacer que la línea suene musical:

Ejemplo 1j:

Ejemplo 1k:

Practica los dos ejercicios anteriores a 60bpm y aumenta gradualmente la velocidad del metrónomo hasta 120bpm.

El mejor consejo que puedo darte para el aprendizaje de este tipo de ritmos es asegurarte de que el pie esté marcando el ritmo. Marcar con el pie te ayuda a sentir el pulso físicamente, en lugar de simplemente responder mentalmente a las ondas sonoras que viajan a través del aire.

Al interiorizar el pulso físicamente puedes *pensar* menos en el ritmo y *sentir* si estás dentro del tiempo.

Si es demasiado esfuerzo mental tocar a estos ritmos mientras das golpes suaves con el pie permaneciendo a la vez dentro del tiempo del metrónomo, desactiva el metrónomo durante un tiempo. Sin el metrónomo, asegúrate de que los rasgueos están cayendo dentro del tiempo con el pie. Cuando te sientas seguro, reintroduce el metrónomo a aproximadamente 40bpm y sincroniza tu pie y tus rasgueos con el clic.

Cuando yo estaba aprendiendo, me llevó mucho tiempo darme cuenta de que mi pie estaba fuera de tiempo con el clic, y esto afectó negativamente *todo* lo que tocaba en la guitarra. Cuando me concentré seriamente en mi pie, mi sentido del ritmo mejoró dramáticamente. Esta es una forma muy útil de invertir tu tiempo de práctica y tiene beneficios de largo alcance para todo lo que toques.

Con el fin de practicar estos ritmos fundamentales del rock, escribe algunos ritmos propios usando las subdivisiones que aprendiste en este capítulo. Trata de añadir diferentes acordes de quinta para crear tus propios riffs originales.

Mediante la combinación de estos ritmos, comenzarás a escuchar cómo se construye una parte de guitarra de rock, aunque hay mucho más que sólo estos ritmos básicos para desarrollar tu sentido rítmico.

Capítulo 2: Silencios, ligaduras y combinaciones

A menudo la guitarra rítmica del rock implica tocar ritmos *sincopados*. Un ritmo sincopado es aquel en el que los acentos se sitúan *entre* los pulsos principales del compás.

En el capítulo 1 desarrollaste un enfoque de rasgueo consistente e hice énfasis en que el desarrollo de la consistencia del patrón de rasgueo con semicorcheas *abajo-arriba-abajo-arriba* te permite sentir y colocar los ritmos en el compás.

Esta consistencia es muy importante ahora que nos fijamos en tocar ritmos más complejos. Sin un *abajo-arriba-abajo-arriba* regular en la mano que puntea es fácil perder el ritmo y caer fuera del tiempo de la banda. Piensa en la mano que rasguea como tu propio director personal.

Silencios

Mediante el uso de silencios y ligaduras (combinar los valores de dos notas), podemos crear piezas complejas de guitarra rock con bastante facilidad.

El primer tipo de silencio para presentar es el silencio de corchea. Se escribe así:

Colocando este silencio en un pulso acentuado, podemos dejar un "hueco" rítmico en la parte de guitarra. Estos huecos ayudan a crear síncopas interesantes y variación musical.

Del capítulo anterior, sabes que cuando una nota cae en el pulso siempre se toca con un rasgueo hacia abajo y que el secreto para tocar la guitarra rítmica en el rock con precisión es mantener siempre la mano que rasguea moviéndose arriba y abajo al ritmo de la música. Incluso si no estás haciendo contacto con las cuerdas, hacer un "efecto fantasma" con la mano que rasguea, manteniéndola en movimiento, es esencial para mantener un buen tiempo.

Estudia las instrucciones de rasgueo del siguiente ejemplo para ver cómo se toca un patrón de corcheas sincopado.

Ejemplo 2a:

Como puedes ver, hay silencios de corchea en algunos de los pulsos acentuados. La dirección de rasgueo debajo del ejemplo muestra el rasgueo hacia abajo escrito entre paréntesis. Si un rasgueo está entre paréntesis no hagas contacto con las cuerdas.

La idea es mantener la mano que rasguea moviéndose arriba y abajo dentro del tiempo y simplemente *evitar* las cuerdas cada vez que haya un silencio. Escucha atentamente el ejemplo de audio para oír esto en acción.

A continuación, vamos a añadir acordes de quinta al ritmo anterior para mostrar cómo podría ser tocada una idea como esta en un contexto musical de rock.

Comienza con el metrónomo configurado alrededor de 50bpm.

Para este ejemplo he vuelto de nuevo a un rasgueo "abajo-arriba" en los dos primeros rasgueos con corcheas del compás. Aunque esto puede parecer contradictorio con el consejo de la sección anterior acerca de tocar las corcheas con rasgueos hacia abajo, cuando el ritmo es sincopado de esta manera, un movimiento constante abajo y arriba en la mano que rasguea realmente ayuda a mantener el tiempo. Aprende el ritmo con este patrón de rasgueo por ahora, y decide cómo quieres tocarlo una vez que hayas dominado la sensación del ejercicio.

Ejemplo 2b:

Aquí hay otros riffs que combinan negras, corcheas y silencios de corchea.

Practica tocando cada ritmo utilizando rasgueos con "*scratches*" silenciados antes de añadir los acordes escritos. Usa el *palm muting*, y también el silenciamiento con la mano del diapasón para ayudar a articular los acordes y los silencios.

Estos ejemplos son similares a muchos riffs de rock de los años 80 y 90. La simple introducción de silencios de corchea en una secuencia de acordes de quinta realmente le ayuda al riff a cobrar vida.

Ejemplo 2c:

Ejemplo 2d:

Ejemplo 2e:

Practica la aceleración y desaceleración de los ejemplos anteriores. Utiliza un metrónomo o la pista de acompañamiento 1.

Ligaduras

En la música, una ligadura es un símbolo que significa "tocar la primera nota y mantenerla por el valor de la segunda nota".

Se escribe así:

En el siguiente ejemplo, toca la primera nota de cada par ligado, pero no toques la segunda. Presta atención al patrón de rasgueo y, en particular, a los rasgueos en los que no haces contacto con las cuerdas y sólo mueves la mano (mostrados entre paréntesis).

Ejemplo 2f:

Escucha y toca junto con el ejemplo de audio para asegurarte de que tu interpretación es correcta.

Hay una gran diferencia entre el uso de ligaduras y el uso de silencios dependiendo de si estamos tocando acordes sonoros o notas silenciadas.

El siguiente ejemplo muestra el ritmo anterior escrito con silencios en lugar de ligaduras.

Ejemplo 2g:

Como puedes escuchar en el ejemplo de audio, estos dos ritmos tienen una sensación muy diferente a pesar de que los rasgueos están en el mismo lugar.

La diferencia entre tocar un silencio y una ligadura puede tener efectos de gran impacto en el groove de la música que tocamos.

Las ligaduras pueden permitirnos mover un acorde *hacia adelante* en un riff. Por ejemplo, se pueden utilizar para trasladar un cambio de acordes *antes* de una barra de compás.

Examina los dos ejemplos siguientes y escucha con atención las pistas de audio.

Ejemplo 2h:

Ejemplo 2i:

Ambos ejemplos usan la misma progresión de acordes y se tocan con el mismo tempo con patrones de rasgueo muy similares, pero el segundo ejemplo tiene mucha más energía y movimiento hacia adelante.

Esta energía extra ha sido creada tocando cada nuevo acorde una corchea antes. Cada cambio de acorde se toca en la última corchea del compás y se liga al pulso uno del compás siguiente. Esto no sólo añade energía y movimiento hacia adelante, sino que también crea un interesante "hueco" rítmico en el pulso uno de los compases dos, tres y cuatro en los que normalmente esperarías que se colocara un acorde.

Usar ligaduras de esta manera añade mayor interés y energía a los riffs de rock. Asegúrate de que el bajista y el baterista sepan que esto va a suceder para que todos puedan encajar rítmicamente.

La mayoría de los músicos de rock describirían esta técnica como *empujar* cada acorde, ya que cada acorde es "empujado" una corchea hacia adelante en la canción. (Los músicos clásicos llaman a esta técnica "anticipación"). Diferentes bandas empujan acordes en mayor o menor medida. Por ejemplo, se pueden oír muchos acordes empujados en las canciones de AC/DC, pero menos en la música de Black Sabbath.

Los siguientes tres ejemplos musicales combinan las técnicas mostradas en este capítulo.

Ejemplo 2j:

Observa el acorde que se desliza en el ejemplo 2j que conduce al acorde ligado D5 cruzando la barra de compás.

Ejemplo 2k:

Ejemplo 2l:

No olvides que puedes descargar todos los ejemplos de audio de este libro en:

www.fundamental-changes.com.

Capítulo 3: Combinaciones con ritmos de semicorcheas

Ahora que ya tienes una comprensión de cómo funcionan las ligaduras y los silencios con ritmos de corcheas, puedes empezar a usarlos con las divisiones de semicorchea que son comunes en las partes de guitarra rock modernas.

Vamos a explorar lo que sucede cuando empiezas a usar ligaduras para unir las semicorcheas.

Recuerda, una ligadura indica que *tocas la primera nota* y continúas *sosteniéndola por el valor de la segunda nota ligada.*

En el siguiente ejemplo, toco semicorcheas continuas en un compás y luego ligo las dos primeras semicorcheas de cada pulso. Mi mano derecha no deja de moverse hacia arriba y hacia abajo durante el ritmo ligado.

Los siguientes ejemplos están escritos con una sola nota para mayor claridad en los diagramas. Sin embargo, deberías comenzar con rasgueos silenciados completos pues hacer un movimiento amplio te ayudará a ser más preciso.

Ejemplo 3a:

Escucha el audio y toca el ejercicio hasta que te sientas seguro.

Ligar dos semicorcheas es matemáticamente lo mismo que tocar una corchea (1/16 + 1/16 = 1/8).

Esto significa que el ejemplo anterior se puede reescribir de la siguiente manera:

Aunque los dos ejemplos anteriores suenan idénticos, es probable que el segundo te parezca más fácil de leer.

Observa que el patrón de rasgueo/punteo es idéntico.

Ligando diferentes semicorcheas podemos crear algunos de los ritmos más comunes de la música.

En el siguiente ejemplo, las dos semicorcheas del *medio* están ligadas en el segundo compás. No olvides tocar estos ejemplos con rasgueos silenciados completos atravesando todas las cuerdas. No toques solamente las cuerdas individuales que están en la notación.

Ejemplo 3b:

Una vez más, la mano que puntea se sigue moviendo *abajo-arriba-abajo-arriba* pero esta omite el segundo *abajo* de cada grupo: "*Abajo-arriba   arriba-Abajo-arriba   arriba*".

Aquí está el mismo diagrama sin los punteos entre paréntesis. Puede que te resulte más fácil de leer:

Aplicando la misma lógica que en el ejemplo 3a, este ejercicio se puede reescribir así:

Toca con la pista de audio y asegúrate de marcar el pulso con el pie. Puede ser fácil tocar estos ritmos de forma incorrecta.

Finalmente (por ahora), liga las dos últimas semicorcheas de cada pulso.

Ejemplo 3c:

Esto se puede escribir así:

Ligando los diferentes pares de semicorcheas hemos creado cuatro agrupaciones rítmicas diferentes.

Mediante la combinación de estas agrupaciones rítmicas de cuatro semicorcheas es posible crear unos ritmos de guitarra de rock muy complejos.

Las combinaciones de estos ritmos son prácticamente ilimitadas, sobre todo si tenemos en cuenta que también podemos reintroducir silencios en las frases.

Antes de continuar, asegúrate de que puedes tocar, reconocer y leer los cuatro elementos rítmicos fundamentales de la guitarra rock mostrados en el ejemplo 3d:

Ejemplo 3d:

Toca el ejemplo 3d usando rasgueos silenciados completos antes de tocar el ejercicio en una sola cuerda silenciada.

Ahora que has dominado los cuatro principales patrones de semicorcheas, combínalas en frases de un solo compás. Los siguientes ejemplos reintroducen los acordes de quinta para hacer que los ritmos suenen musicales y más interesantes, aunque es posible que nuevamente te resulte más fácil empezar con rasgueos silenciados a medida que dominas las combinaciones rítmicas.

Utiliza *palm muting* para ayudarte a escuchar los ritmos más claramente.

El ejemplo 3e combina sólo dos de los ritmos anteriores.

Ejemplo 3e:

El ejemplo 3f combina tres agrupaciones de semicorcheas.

Ejemplo 3f:

El ejemplo 3g utiliza los mismos tres grupos de una manera diferente.

Ejemplo 3g:

El ejemplo 3h utiliza todas las cuatro agrupaciones de semicorcheas. Utiliza una distorsión fuerte y *palm muting* para obtener un sonido de heavy metal.

Ejemplo 3h:

El ejemplo 3i muestra otro enfoque.

Ejemplo 3i:

Por último, el ejemplo 3j reintroduce los silencios de corchea.

Ejemplo 3j:

Nota importante

En el ejemplo anterior, es posible que notes que la corchea en el pulso tres se siente más natural como un rasgueo hacia abajo. Esto es correcto siempre y cuando permanezcas dentro del tiempo. Lo siguiente podría ser más cómodo:

Mi consejo es hacer lo que se sienta más cómodo, siempre y cuando te ciñas a eso. La consistencia en tu enfoque de rasgueo es increíblemente importante a medida que construyes tu vocabulario rítmico.

Con diferentes direcciones de rasgueo, descubrirás que obtendrás sensaciones ligeramente diferentes. Con el tiempo serás capaz de variar el ataque a voluntad, así que no te preocupes demasiado por eso ahora.

Asegúrate de estar marcando con el pie dentro del tiempo y de enfatizar la diferencia entre los acordes y los silencios. Esto se puede lograr mediante el control cuidadoso de la presión en la mano del diapasón.

Capítulo 4: Silencios de semicorcheas

Hasta el momento, hemos estudiado cuatro agrupaciones comunes de semicorcheas y la forma en que se pueden combinar para crear riffs interesantes de guitarra rock.

Estos cuatro ritmos son:

Sin embargo, hay otras agrupaciones de semicorcheas que se pueden crear mediante la incorporación de silencios de semicorchea en estos patrones. Primero vamos a estudiar cómo cambia la sensación del riff si sustituimos las corcheas del diagrama anterior por una semicorchea seguida de un silencio de semicorchea.

En la notación musical, un silencio de semicorchea se escribe así: ⁷⁄

Comienza comparando el sonido de una corchea con la de una semicorchea seguida de un silencio de semicorchea. Compara la notación del primer compás con la del segundo.

Este ejemplo utiliza un acorde de quinta E5. Relaja la presión de tu mano del diapasón para crear los silencios en el compás dos.

Ejemplo 4a:

Ahora escucha y toca la misma línea de la frase con un rasgueo completamente silenciado en lugar de un acorde de quinta. Recuerda que debes silenciar y rasguear todas las cuerdas, las notas individuales están escritas sólo para dar mayor claridad.

Como puedes escuchar, ambos compases suenan idénticos cuando se tocan con rasgueos silenciados.

Ejemplo 4b:

En el ejemplo 4a oíste que una semicorchea seguida de un silencio de semicorchea crea un efecto rítmico muy diferente que si sólo se usara una corchea. El segundo compás es más agresivo que el primero, a pesar de que los acentos de cada ritmo son idénticos.

Intenta tocar las combinaciones rítmicas de semicorchea restantes de la página anterior de esta manera. Usando un acorde E5, toca el primer compás utilizando una corchea y el segundo compás con una semicorchea seguida de un silencio de semicorchea.

La única diferencia entre estos compases es que en lugar de dejar que las corcheas sigan sonando, las estás apagando suavemente al liberar la presión con la mano del diapasón.

No es necesario tocar todas las cuerdas cada vez. Trata de dejar que la parte de guitarra respire.

Ejemplo 4c:

Ejemplo 4d:

Para resaltar la diferencia entre usar una corchea completa y una semicorchea seguida de un silencio de semicorchea, es posible que quieras tocar estos grupos diferentes en una sucesión rápida.

Ejemplo 4e:

Asegúrate de poder utilizar este enfoque con todas las combinaciones de semicorcheas y de corcheas.

Ahora combina algunas de estas combinaciones. Presta mucha atención a las longitudes de nota en cada agrupación. Controla el silenciamiento en tu mano del diapasón para que articules claramente la diferencia entre una corchea y una nota semicorchea seguida de un silencio de semicorchea.

Ejemplo 4f:

Ejemplo 4g:

Ejemplo 4h:

Inventa y practica tantas variaciones de esta idea como se te ocurran. Una vez que hayas dominado estos ritmos, intenta cambiar los acordes en cada ejemplo para crear riffs con acordes de quinta interesantes y originales.

Otros grupos con silencios de semicorcheas

Hay una agrupación de semicorcheas importante que todavía no hemos considerado: dejar un silencio de semicorchea en el *primer* pulso de cada compás.

Al colocar un silencio de semicorchea en la primera división, se genera una "hueco" rítmico en el pulso. Esta es una idea musical extremadamente eficaz.

Observa que el primer rasgueo hacia abajo se encuentra entre paréntesis en cada pulso por lo tanto no se toca. No olvides que tu mano que rasguea nunca debe dejar de moverse arriba y abajo. Con el fin de dejar el silencio, simplemente *omite las cuerdas* cuando las pasas en el primer rasgueo hacia abajo.

Una vez más, este ritmo está escrito con una sola nota para mayor claridad. Es más fácil comenzar a tocar a estos ejemplos con rasgueos silenciados completos atravesando todas las cuerdas.

Omitir la primera semicorchea de un pulso es bastante complicado al principio. La forma más fácil de aprender a hacerlo es tocar un compás completo de semicorcheas silenciadas antes de pasar al ritmo alterado en el compás siguiente. Esto se muestra en el ejemplo 4i.

El primer compás hará que tu mano se mueva correctamente, luego, en el segundo compás omite el primer *abajo* de cada grupo de cuatro.

Ejemplo 4i:

Empieza por tocar este ejercicio a 60bpm y aumenta gradualmente la velocidad del metrónomo hasta aproximadamente 120bpm. Trata de sentir tu pie dando un golpe en el "hueco" dejado por el rasgueo omitido.

Cuando hayas ganado confianza con este ritmo, incorpóralo poco a poco a tu práctica mediante el uso de los siguientes ejercicios.

Comienza a tocar cada ejercicio con rasgueos silenciados completos antes de tocar el ejercicio en una sola cuerda silenciada, y luego introduce un acorde E5. Por último, añade una secuencia de acordes simples para crear un riff inicial. Mantén estas secuencias simples al comienzo; sin embargo, puedes cambiar de acordes donde más te guste para crear algunas frases muy interesantes.

Ejemplo 4j:

Ejemplo 4k:

Ejemplo 4l:

Idea tantas variaciones rítmicas como puedas. Empieza despacio y siempre concéntrate en la precisión más que en la velocidad. La velocidad se puede lograr mucho más fácil una vez que tengas el control de estos patrones.

Es posible añadir dos o incluso tres silencios de semicorchea en una agrupación de cuatro notas para crear ritmos aún más sincopados.

Vamos a empezar por la adición de dos silencios de semicorchea al final de cada agrupación. Sobre el papel, esto puede escribirse de dos maneras diferentes porque dos silencios de semicorchea son iguales a un silencio de corchea.

Ejemplo 4m:

¡No olvides seguir moviendo la mano que rasguea dentro del tiempo! Repite el ejemplo anterior pero añade un acorde E5 simple para crear un riff de rock pesado. Trata de mover el acorde de quinta por diferentes lugares. Podías moverlo hacia arriba o hacia abajo por dos trastes cada vez.

Usa esta nueva agrupación rítmica en algunas frases más largas. Aquí hay una para empezar. Comienza con rasgueos silenciados completos, pero rápidamente añade acordes de quinta para crear riffs de rock interesantes. Recuerda que puedes cambiar de acorde en cualquier pulso, ¡o incluso entre pulsos!

Ejemplo 4n:

El siguiente ejemplo combina el ritmo anterior con el que se enseñó en el ejemplo 4i:

Ejemplo 4o:

Repite los ejemplos anteriores utilizando acordes de quinta en lugar de los rasgueos silenciados para crear nuevos riffs.

Entraremos en mucho más detalle sobre los acordes y los riffs en la segunda parte de este libro, pero para poner en marcha tu creatividad aquí hay un riff de rock que utiliza el ritmo anterior.

Ejemplo 4p:

Puedes escuchar cómo la simple adición de un par de acordes puede transformar estos ritmos en un groove de rock al estilo de Van Halen. Trata de añadir estos acordes en algunos de los ejemplos anteriores.

Lo bueno de este tipo de práctica es que abre tus oídos a muchas posibilidades musicales que quizás nunca habías considerado. Estás aprendiendo ritmo, pero también estás interiorizando nuevas posibilidades... No tengas miedo de ser creativo y simplemente tocar lo que oyes.

Este capítulo contiene una gran cantidad de información y tomará mucho tiempo para absorberlo totalmente. También hay muchos más ejercicios de ritmo en el Apéndice al final de este libro. Revísalos cuando tengas tiempo, pero no olvides trabajar con ejemplos musicales también.

Elije uno o dos ritmos cada día y practica moviéndote entre ellos. Poco a poco construye frases cada vez más largas y concéntrate en la precisión.

Estos ritmos son la base para casi todos los aspectos de la interpretación del ritmo en la guitarra rock y es esencial dominarlos.

Utiliza un metrónomo y pistas de acompañamiento para asegurar que estos ritmos sean tan definidos y tan en el groove como sea posible.

Recuerda que las permutaciones rítmicas de esta sección son bastante avanzadas. Como ya he mencionado en la introducción, no hay necesidad de trabajar en este libro de forma secuencial; puedes aprender los acordes y los riffs de los capítulos posteriores al mismo tiempo que desarrollas habilidades de ritmo consistente. Divide tu práctica entre estas dos disciplinas.

No abordes el capítulo 5 hasta que te sientas muy seguro con todo lo que ha pasado antes.

Capítulo 5: Grupos de notas individuales

Para ampliar tus conocimientos y libertad rítmicos ahora deberías aprender a tocar las agrupaciones que contienen sólo un semicorchea.

Obviamente, sólo hay cuatro ritmos posibles:

Estos golpes de una sola nota aparecen con frecuencia en canciones de rock progresivo, pero incluso si ese no es tu tipo de música, aprender de este enfoque rítmico esparcido mejorará dramáticamente tu colocación rítmica.

Al igual que con cualquier nuevo concepto musical, es importante ser muy consciente y *cognitivo* mientras estás aprendiendo, pero muy pronto serás capaz de tocar estos ritmos inconsciente y musicalmente. Lo ideal sería que no pensaras demasiado cuando tocas. De hecho, deberías tratar de apagar el modo "monólogo interior" de tu cerebro por completo. Sin embargo, cuando estás aprendiendo algo nuevo, es importante estar lo más mentalmente involucrados como sea posible para que entiendas y sientas lo que está tocando.

Para desarrollar tu control y colocación de estas semicorcheas individuales, sugeriría que toques un compás completo de semicorcheas continuas seguido de un compás de la agrupación rítmica elegida. Recuerda que tu mano que rasguea nunca deja de moverse arriba y abajo en las divisiones de semicorchea por lo que simplemente te debes concentrar en hacer contacto con las cuerdas en el momento correcto.

Una vez más, utiliza rasgueos silenciados completos, a pesar de que el ritmo esté notado en notas individuales. Pasa a las notas individuales y a los acordes a medida que adquieras confianza.

Aquí está el primer ritmo:

Ejemplo 5a:

El ejemplo 5a debería ser muy simple para ti pues las semicorcheas individuales silenciadas se sienten igual que tocar una negra silenciada en el compás dos. Recuerda, sin embargo, que hay una diferencia entre tocar rasgueos silenciados y acordes sonoros. Intenta el ejemplo anterior nuevamente, pero esta vez usando un acorde E5.

Asegúrate de que el acorde E5 esté silenciado limpiamente después de cada rasgueo en el compás dos. Debería sonar así:

Ejemplo 5b:

Ahora trata de combinar ambas agrupaciones en un compás.

Ejemplo 5c:

Luego, incorpora el ritmo en una frase completa.

Ejemplo 5d:

Trata de improvisar algunos ritmos que utilicen este fragmento de semicorcheas individuales. ¡No olvides tocar acordes completos también!

Ahora pasa al siguiente ritmo. Este grupo en particular es uno de los más difíciles de dominar, ya que se toca con un único rasgueo hacia arriba.

Utiliza rasgueos silenciados completos.

Ejemplo 5e:

Combina los ritmos.

Ejemplo 5f:

A continuación, toca la frase con un acorde E5 para comprobar que puedes silenciar en el lugar correcto.

Ejemplo 5g:

Finalmente, combina la nueva agrupación de semicorcheas con aquellas que ya has dominado antes de sacar tu lado creativo y experimentar con tus propios ritmos de un compás.

Ejemplo 5h:

Estoy seguro de que ya estás entendiendo la idea de cómo funciona este proceso, así que para ahorrar espacio te daré sólo el primer ejercicio para los ritmos tres y cuatro de la página 27.

Ejemplo 5i:

Ejemplo 5j:

Trabaja con estos ritmos hasta que te sientas muy seguro con ellos.

A medida que mejores, pronto comenzarás a escuchar estas ideas ya formadas totalmente en tu cabeza. Este es el momento en que los ejercicios comienzan a ser musicales y tu cerebro creativo se activa.

Es muy importante escuchar y transcribir las partes de guitarra rock de los discos. Las habilidades rítmicas y técnicas que has desarrollado hasta ahora en este libro te ayudarán a oír y sentir cómo funciona un ritmo de rock. Esfuérzate al máximo para "encajar" con el guitarrista del disco y emular su *sensación* tanto como sea posible.

Descubrirás rápidamente que estas ideas se convierten de forma natural en parte de tu interpretación.

Eso es suficiente trabajo con el ritmo por ahora, pero sugiero que sigas volviendo a esta sección para practicar tus habilidades. Los siguientes capítulos se centran en cómo se utilizan comúnmente los acordes en los ritmos del rock y tratan algunas de las técnicas que se utilizan para inyectar energía e interés.

Segunda parte: Acordes, riffs y música

Capítulo 6: Acordes de guitarra rock

Acordes de quinta (Power chords)

En los capítulos del ritmo usamos bastante los acordes de quinta. Estos acordes son probablemente los más utilizados en la guitarra rock y se han tocado en miles de canciones en diferentes géneros.

Los acordes de quinta son muy populares en el rock no sólo porque tienen un sonido pesado, sino que además no contienen el 3er intervalo "que define al acorde", lo que significa que no son ni mayores ni menores. Como los acordes de quinta sólo contienen la fundamental y la 5ta de un acorde suenan como una versión reforzada de la nota fundamental.

Hasta ahora, has visto acordes de quinta tocados con fundamentales tanto en la sexta cuerda como en la 5ta cuerda:

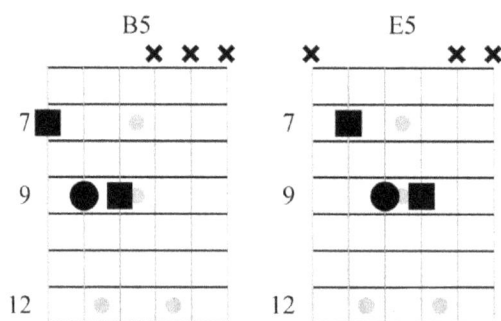

Sin embargo, estos acordes también se pueden expresar en los grupos de cuerdas superiores. Aprende los siguientes voicings:

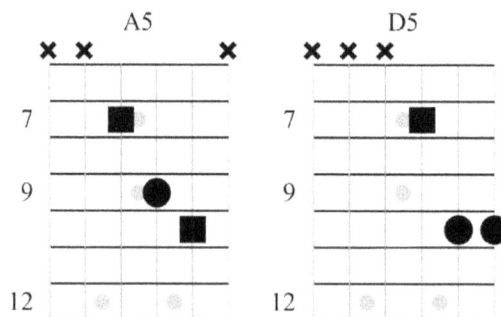

Ten cuidado con cuáles cuerdas rasgueas. No toques ninguna de las cuerdas marcadas con una "X".

Al tocar canciones de rock más rápidas, es común combinar silenciamientos con las dos manos para mantener las cuerdas no deseadas en silencio. Por ejemplo, si estuvieras tocando el acorde E5 mostrado anteriormente, podías reposar suavemente tu mano que rasguea sobre la cuerda de E grave (6ta) de la guitarra para silenciarla con la palma.

Cuando se tocan acordes con una fundamental en la 5ta, 4ta o 3ta cuerda, también es normal permitirle al 1er dedo de la mano del diapasón que "se extienda" más allá de la nota fundamental del acorde y haga contacto suave con el lado de la cuerda no utilizada que está enseguida. Silenciar la cuerda inferior con el dedo de la mano del diapasón permite un poco menos de precisión en la mano que rasguea.

Las cuerdas altas E y B (1ra y 2da) normalmente se silencian de forma natural por la parte inferior de los dedos de la mano del diapasón, pero ten cuidado de no aplicar demasiada presión aquí para que no se generen notas indeseadas.

Toca el siguiente ejercicio aumentando gradualmente el tempo. Usa un poco de control de ganancia en tu amplificador para ayudarte a oír si estás aplicando el silenciamiento de forma correcta.

Las cuerdas no utilizadas deberían ser silenciadas, y sólo las notas del acorde deberían sonar.

Ejemplo 6a:

Aunque es menos común, hay otro tipo de acorde de quinta que duplica la 5ta del acorde y la toca en el bajo para producir una *inversión* reconocible y densa del acorde de quinta.

Este voicing de acorde se utilizó con excelentes resultados por uno de los más grandes guitarristas del siglo pasado. Echa un vistazo al siguiente ejemplo:

Ejemplo 6b:

Dividir el acorde

Una técnica popular que crea textura es "dividir" el acorde en dos partes separadas: la nota de bajo y las notas del acorde como tal, en lugar de rasguear el acorde completo de una sola vez. La técnica se muestra aquí con acordes de quinta pero deberías intentarlo con cualquiera de las ideas de acordes mostradas más adelante en esta sección.

Toca solamente la nota de bajo del acorde en los pulsos 1 y 3, y luego rellena con el resto del acorde en los pulsos 2 y 4.

Ejemplo 6c:

Fíjate en las notas silenciadas con efecto "scratch" en el ejemplo anterior que le dan mayor movimiento de avance al riff. Para realizar estos scratches, continúa sosteniendo el acorde, pero reduce la presión de los dedos sobre el diapasón de manera que solo reposen sobre las cuerdas. Cuando puntees las cuerdas deberías obtener un efecto silenciado como se escucha en el ejemplo de audio.

Los guitarristas de rock están continuamente (e inconscientemente) modificando la presión que ejercen en la mano del diapasón para pasar entre acordes silenciados y acordes completos. Esto crea dinámicas interesantes y texturas en la parte de la guitarra rítmica.

La técnica de dividir los acordes puede ser revertida tocando un acorde completo *en* el pulso y rellenando el ritmo con notas de bajo repetidas.

Toca el siguiente ejemplo utilizando solo rasgueos hacia abajo.

Ejemplo 6d:

Otra técnica útil es combinar rasgueos completos con notas punteadas de forma individual en cada acorde.

Ejemplo 6e:

Todas estas técnicas se pueden combinar para crear texturas musicales ricas e interesantes. Observa que el acorde "empujado" en el último pulso de cada compás se adelanta al cambio de acorde.

Ejemplo 6f:

Los acordes de quinta no siempre tienen que ser tocados como un voicing de tres notas con la fundamental duplicada, de hecho, se tocan a menudo con sólo la fundamental y la 5ta. Compara el sonido de los dos siguientes acordes cuando se tocan con una distorsión alta:

Ejemplo 6g:

Tocar con alta ganancia o distorsión en realidad añade y mejora los armónicos o el "rango" del acorde que se está tocando, por lo que a menudo puede ser deseable reducir el número de notas que tocamos para no opacar al resto de la banda.

El voicing de dos notas del acorde de quinta E5 suena normalmente más "enfocado" que el primero, ya que genera un menor número de armónicos.

Si revisas de nuevo el ejemplo 6b, verás que la fundamental de un acorde de quinta no necesariamente tiene que ser tocado en el bajo.

Compara los dos siguientes voicings de C5.

Como puedes ver, el segundo acorde es un voicing de dos notas de C5 con la 5ta en el bajo. Aunque pueda parecer simple, este es uno de los voicings de acordes más importantes de la guitarra rock debido al siguiente tipo de riffs:

Ejemplo 6h:

Como puedes oír, este tipo de voicing de acorde de quinta tiene un tono nítido y articulado.

Este voicing de acorde de quinta se puede desplazar a través de las cuerdas 5ta y 4ta para obtener un tono más profundo y resonante. Estos mini voicings se popularizaron con Mark Knopfler. Usa tu dedo índice en todas las posiciones:

Ejemplo 6i:

Los acordes de quinta de dos notas tocados en la 4ta y 3da cuerdas se producen regularmente en el rock y es muy divertido experimentar con ellos. Añade un poco de *crunch* y escribe algunos riffs propios utilizando sólo estos voicings.

Aquí hay dos para empezar:

Ejemplo 6j:

Las notas finales del ejemplo anterior forman un *relleno* que añade interés y le ayuda al lick a hacer el bucle de manera más fluida. Usar líneas solistas en las partes de la guitarra rítmica será algo que discutiremos en el capítulo 8.

Ejemplo 6k:

Por último, volviendo a la forma "estándar" del acorde de quinta de la página 42, hay otro movimiento común que era popular en el rock los años 80, con intérpretes como Eddie Van Halen y Nuno Bettencourt quienes utilizaban esta idea.

La técnica consiste en estirar el primer dedo un traste hacia abajo de la posición inicial, antes de volver al acorde original. Aprende el siguiente ejemplo con la forma de acorde de quinta de dos notas tal como está escrita, pero luego intenta volver a digitarlo de forma que utilices la forma de acorde de quinta completo de tres notas.

Ejemplo 6l:

Acordes en posición abierta

Mientras que los acordes en posición abierta se asocian a menudo con la guitarra acústica, también son una parte habitual de muchos riffs de guitarra rock. De hecho, el uso de acordes abiertos en el rock se viene presentando desde los inicios del rock en los años 50 y continúa hasta la actualidad.

Es extraño pensar hoy en músicos como Bill Haley, Cliff Richard, Buddy Holly y Ike Turner como músicos de rock de vanguardia, pero en su época su música causó gran controversia y escándalo público por transgredir los límites de la música popular.

Cuando tocamos acordes abiertos en el rock usamos continuamente ligeras alteraciones a las notas u omisiones para añadir interés, y hacemos ajustes técnicos para mantenerlos sonando compactos y agresivos para que no queden dominados por la distorsión del amplificador.

Aunque se usan a menudo de forma aislada en acompañamientos rítmicos improvisados, por ejemplo, *Summer of '69* por Bryan Adams, a menudo la belleza de los acordes abiertos radica en el hecho de que pueden ser ajustados o adornados fácilmente para formar riffs y melodías interesantes alrededor de formas de acordes simples. Este es el enfoque adoptado por muchos grandes guitarristas desde Buddy Holly hasta Brian May y Angus Young.

Vamos a empezar con algunas ideas simples de acompañamientos rítmicos improvisados antes de desarrollarlas aún más.

Muchos acompañamientos improvisados con acordes tienen estructuras similares. Muy a menudo verás algo que dura dos o cuatro compases con un pequeño relleno en el final llevándonos de nuevo al principio del riff. En el siguiente ejemplo, observa cómo la secuencia es "empujada" desde el primer compás.

Yo uso la técnica de "dividir el acorde" de la página 44 y la combino con un *palm muting* consistente para crear un efecto de percusión. Observa cómo el rasgueo se limita a sólo unas pocas cuerdas para mantener el riff bien definido y controlado.

Ejemplo 6m:

La siguiente idea utiliza sólo tres acordes, pero añade un *rake* (o rastrillado) para decorar el primer acorde. Un *rake* se ejecuta como un rasgueo ligeramente más lento donde el plectro se arrastra o se "rastrilla" a través de las cuerdas para articular cada nota. Escucha el audio para oír cómo debe sonar esta técnica.

Mantén pulsado el acorde mostrado en cada símbolo de acorde; cada nota de la melodía del riff está contenida en el acorde pulsado.

Ejemplo 6n:

El ejemplo anterior se basó en el estilo de Buddy Holly, pero aquí esta la misma secuencia de acordes con un enfoque más de punk/rock.

Ejemplo 6o:

Los dos ejemplos anteriores muestran la misma progresión de acordes de forma contrastante, y nos enseñan una valiosa lección: en la música rock hay muchas secuencias de acordes idénticas pero es la forma en que se tocan lo que define la sensación de la música.

El siguiente ejemplo es uno de los ritmos escuchados con mayor frecuencia en la guitarra rock. Es común en la música de Guns N' Roses y muchas otras bandas de hard rock. Para tocar los scratches silenciados, relaja la presión de tu mano del diapasón y añade un ligero *palm muting*. Te sugiero usar rasgueos hacia abajo para todas las corcheas.

Ejemplo 6p:

Los primeros riffs del rock n' roll surgieron del blues, y esta influencia se ha mantenido como una fuerza impulsora continua en el desarrollo del rock. Muchos de estos acompañamientos improvisados de blues se han convertido en la materia prima del rock y se basan a menudo en un solo acorde con variaciones y rellenos tocados en el bajo. Estas ideas se tocan a menudo en las "tonalidades abiertas" de A, E y D mayor.

La siguiente idea de riff se basa en la tonalidad de A, pero se puede cambiar fácilmente a la tonalidad de E moviendo el primer acorde una cuerda hacia abajo. Usa tu 1er dedo para pulsar el acorde abierto de A .

Ejemplo 6q:

El siguiente ejemplo es una idea del ritmo de rock estándar que ha sido utilizada por cientos de artistas, desde los Rolling Stones hasta Status Quo. Es una variación de la idea anterior pero incorpora un enfoque al estilo del Texas-Blues en el riff.

Observa que aunque la mayoría de los voicings de acordes son sólo selecciones de dos notas de los acordes A y D mayor más grandes, cada acorde todavía puede ser dividido en sus secciones inferior y superior. Las notas de bajo se utilizan para mantener una sensación de ritmo "traqueteante" y las notas más altas del acorde se utilizan para acentuar el acorde en el riff.

Puedes mantener este riff silenciado para un efecto definido y percusivo, o puedes dejar sonar las cuerdas un poco más para un sonido más abierto y más rico. A menudo estas dos técnicas se utilizan combinadas; definido y percusivo en el verso y después abierto y sonoro en el coro para agregar energía y textura.

Cualquier tipo de decoración de blues a estos acordes se toca con los dedos libres de la mano del diapasón.

Ejemplo 6r:

Las ideas expuestas en los dos ejemplos anteriores se pueden combinar fácilmente y hay muchas formas posibles de introducir nuevos acordes y rellenos. Escucha con atención a tus bandas de rock favoritas y descubrirás estas ideas frecuentemente.

Para más riffs de guitarra de blues revisa la **Guía completa para tocar guitarra blues: guitarra rítmica.**

AC/DC son maestros de la utilización de acordes abiertos simples para crear riffs épicos de guitarra rock. Mediante la combinación acordes divididos, silenciados y sonoros ellos han logrado crear algunos de los riffs más memorables de los últimos cuarenta años.

Aquí una idea en el estilo de rock clásico.

Ejemplo 6s:

Como siempre, escucha el ejemplo de audio para entender la sensación de este ejemplo. Observa cómo los rasgueos completos se combinan con los rasgueos más pequeños y con rellenos en una sola cuerda.

Aquí hay otro ejemplo en un estilo similar.

Ejemplo 6t:

El ejemplo anterior usa más los silenciamientos con la mano derecha. Mantén cada acorde A mayor definido y percusivo y deja que los acordes D y G sigan sonando.

Como hay un número bastante limitado de acordes en posiciones abiertas que se utilizan en los riffs de rock clásico, a menudo es sólo el ritmo de la progresión lo que hace a la secuencia de acordes fácilmente identificable.

Los dos ejemplos siguientes muestran la misma progresión de acordes interpretada de dos maneras diferentes. La primera es como un riff de punk clásico, y la segunda es una canción icónica de pop/rock de los años 90.

Ejemplo 6u:

Ejemplo 6v:

Los acordes de posición abierta son una característica definitoria de muchas canciones de rock, y a menudo verás progresiones de acordes idénticas utilizadas de diferentes maneras. A menudo, para los guitarristas, las canciones se diferencian solamente por una determinada idea rítmica, tempo o riff de la guitarra líder.

Escucha analíticamente el mayor número de canciones de rock como puedas en el estilo que quieres aprender. Trata de transcribir las secuencias de acordes escuchando la línea de bajo, o encuentra una transcripción en internet. Toma nota de los acordes y presta atención a lo que hace única a la parte de guitarra rítmica. ¿Los acordes están siendo sostenidos, silenciados, o se está utilizando una combinación de estas técnicas? ¿Hay algunos scratches silenciados entre los acordes y cuáles acordes son acentuados?

Presta atención si algo está sucediendo debajo de un riff de la guitarra líder o una parte vocal, y trata de notar cómo los instrumentos se complementan entre sí. ¿Cuántas guitarras puedes oír? ¿La guitarra rítmica está tocando al mismo tiempo que la voz o está proporcionando rellenos entre cada frase?

Trata de desarrollar un "diccionario" de ideas rítmicas y experimenta lo más que puedas. Trata de identificar *adornos* en los acordes abiertos; muchos adornos comunes serán enseñados en el siguiente capítulo.

Lo mejor que puedes hacer como músico es escuchar y transcribir la música que te gusta. Puede ser difícil al principio, así que utiliza videos de internet y tablaturas para ayudarte, aunque cuanto más lo hagas por ti mismo sin estas ayudas, más rápido aprenderás.

Transcribir y aprender música de esta manera también te ayudará a desarrollar un repertorio de canciones. Los guitarristas se destacan por aprender sólo los riffs famosos de canciones populares. Si te distingues por aprender las canciones completas, nunca estarás sin trabajo.

Hasta ahora hemos visto cómo se pueden utilizar los acordes abiertos básicos; sin embargo, hay muchos adornos útiles que se pueden aplicar a cada forma de acorde. Vamos a verlos en el capítulo siguiente.

Capítulo 7: Adornos

Cuando se tocan acordes abiertos en la guitarra de rock, es normalmente muy fácil añadir o quitar un dedo para crear un sonido muy diferente. A menudo se han utilizado adornos diminutos para crear riffs de guitarra pegadizos.

Por ejemplo, este riff utiliza variaciones simples a un acorde D mayor y a un A mayor para crear un gancho memorable:

Ejemplo 7a:

Esta idea también se puede utilizar para crear una sensación de country con el acorde D.

Ejemplo 7b:

Cada acorde abierto siempre tiene muchos adornos disponibles, y vamos a estudiar los más importantes aquí.

Para demostrar claramente las notas disponibles escribí estos adornos en diagramas de acordes. La forma de acorde original está en color negro y las posibles adiciones se indican con un círculo vacío. A veces dos notas pueden ser alteradas al mismo tiempo.

Además, escribí un riff corto para cada acorde utilizando algunas de las alteraciones disponibles; sin embargo, deberías pasar tanto tiempo como puedas trabajando en tu creatividad con estas ideas.

No hay suficiente espacio aquí para cubrir todos los acordes abiertos utilizados en la guitarra de rock, pero he tratado de cubrir los usos más comunes. Siempre experimenta con nuevos acordes para ver donde puedes añadir o restar un dedo o dos de la forma básica del acorde.

D mayor

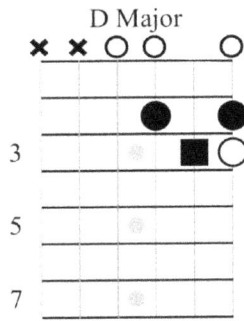

Ejemplo 7c:

A mayor

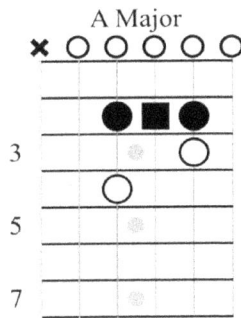

Ejemplo 7d:

También experimenta con ligados ascendentes (hammer-ons) desde las cuerdas al aire notadas en el diagrama de acordes.

El doble ligado ascendente en el ejemplo anterior es un movimiento muy común y regularmente se produce en las partes de guitarra de Brian May y Keith Richards. Esta forma es técnicamente un voicing de acorde con cejilla de un acorde D/F# y se abordará en la página 71, pero por ahora echa un vistazo a este riff que desliza el acorde con cejilla hacia arriba por dos trastes.

Ejemplo 7e:

A menudo, los acordes menores dan cabida a los mismos adornos que los acordes mayores. Por ejemplo, el acorde de A menor tiene muchos de los mismos adornos que un A mayor.

A menor

Ejemplo 7f:

Hay muchos posibles adornos disponibles para todos los tipos de acordes "A". La clave es experimentar y escuchar música de tu género favorito. Además, asegúrate de echar un vistazo a la música de estilos que normalmente no escuchas. Por ejemplo, muchas progresiones de la música popular se adaptan fácilmente al estilo del rock.

F mayor

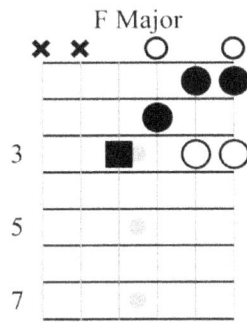

Ejemplo 7g:

El riff de arriba evoca a bandas más modernas de "indie" como Franz Ferdinand y The Black Keys. Mantén el riff definido y *staccato* usando tu mano que puntea para cortar de un golpe las cuerdas después de cada acorde.

C mayor

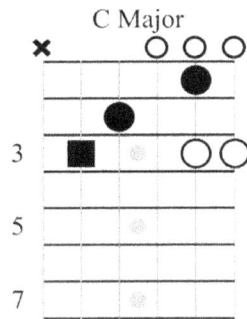

Ejemplo 7h:

La idea de C mayor anterior suena un poco a folk, pero con el tono y la actitud correcta no quedaría mal en una canción de Lynyrd Skynyrd.

G mayor

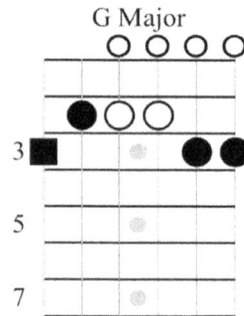

Ejemplo 7i:

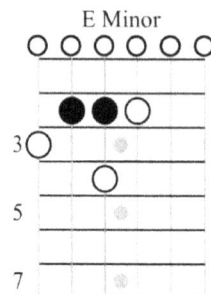

Este riff se basa en un ritmo típico del estilo de los años 70.

E menor

E menor es una tonalidad de uso frecuente en el rock pesado. Dependiendo del tipo de estado de ánimo que quieras crear, los adornos pueden cambiar frecuentemente.

Como siempre, la experimentación es la manera de crear partes de guitarra rítmica interesantes.

Ejemplo 7j:

Todos los acordes abiertos pueden ser alterados y embellecidos de alguna manera, y podría llenar este libro rápidamente si entrara en gran detalle para cada acorde común. Pasa un tiempo explorando cada acorde individualmente, y luego combina algunas de las ideas para formar ideas rítmicas y melódicas interesantes.

A menudo, las ideas simples y similares, como la siguiente, funcionan bien sobre todos los acordes de una progresión.

Ejemplo 7k:

En general, las decoraciones a los acordes abiertos ocurren en el cuerpo principal del acorde (notas más altas) y la nota fundamental no se ve afectada; sin embargo, hay algunos movimientos importantes de la nota fundamental que deberías conocer.

En la música rock (y acústica), es común el uso de una técnica llamada un *bajo descendente* para enlazar los acordes. Esto será examinado en la siguiente sección.

Líneas de bajo descendente

Las líneas de bajo descendente se han utilizado desde los tiempos de la música barroca, pero ahora son una parte integral de la interpretación de la guitarra rítmica del rock. Son excelentes cuando se utilizan en una parte de guitarra sin acompañamiento, pero también nos permiten "encajar" musicalmente con el bajo para formar una base sólida para una canción.

Escucha el inicio de *Stairway to Heaven*, o las sórdidas y geniales líneas de bajo descendente en *Dazed and Confused* de Led Zeppelin. Para un uso más moderno, *Whatever* por Oasis utiliza la línea de bajo descendente en la guitarra acústica.

Sin entrar demasiados detalles técnicos, una línea de bajo descendente normalmente une dos acordes mediante la adición de una sola nota entre cada uno. Con los acordes abiertos hay tres movimientos importantes que deberías conocer:

El primero es la nota de bajo moviéndose hacia abajo por un semitono, de G a Em:

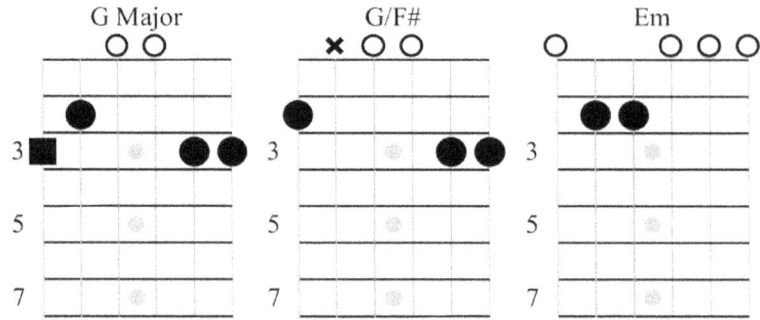

Ejemplo 7l:

El siguiente ejemplo muestra la nota de bajo moviéndose hacia abajo por un semitono de C a A menor:

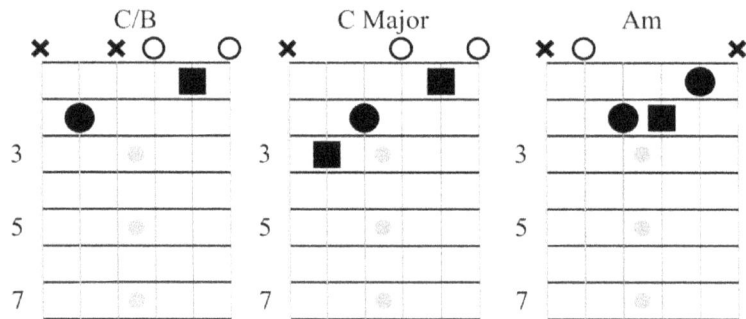

Ejemplo 7m:

El último ejemplo es una línea de bajo de F mayor a Dm7:

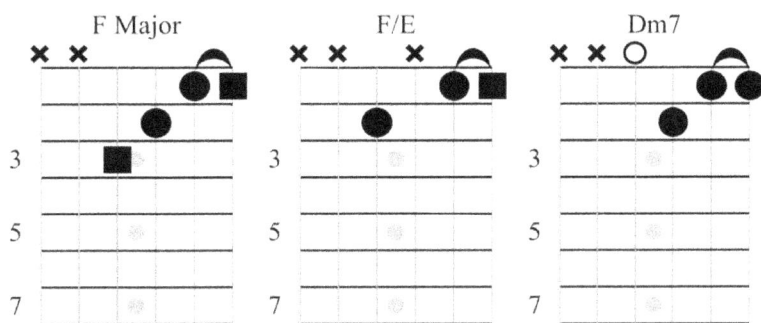

Ejemplo 7n:

Todos estos movimientos se pueden invertir para formar una línea de bajo ascendente.

Ahora que ya hemos visto los tres movimientos principales en líneas de bajo descendente sobre acordes abiertos, vamos a combinar algunas de estas ideas para hacer una frase más larga. Jack Johnson utiliza una idea similar en *Better Together*, pero aquí está la misma secuencia en un entorno de guitarra rock.

Ten cuidado con el acorde con cejilla Bb en el compás tres pues puede ser un poco difícil al principio. Si estás teniendo dificultades, intenta cambiar la posición de tu dedo pulgar en el diapasón.

Ejemplo 7o:

El siguiente ejemplo suena un poco a folk, pero serviría como una buena introducción para una canción de rock más pesado o para una sección intermedia más calmada en una balada.

En este ejemplo, combino algunos de los adornos vistos antes para crear una melodía *ascendente*, mientras que la línea de bajo desciende al igual que antes. Para ver más de este tipo de enfoque, echa un vistazo a Nick Cave, John Martyn o incluso Joe Perry en un pasaje tranquilo.

Ejemplo 7p:

Las líneas de bajo descendente también pueden utilizarse con acordes de quinta.

Ejemplo 7q:

Una gran cantidad de canciones de rock utilizan acordes de quinta, por lo tanto su dominio es esencial si quieres llegar a ser un intérprete de la guitarra rítmica con fluidez. Práctica deslizamientos sobre largas distancias hacia arriba y hacia abajo del diapasón sosteniendo una forma de acorde de quinta, y también moviéndote a través de las cuerdas adyacentes, de manera que estarás familiarizado con lo que las canciones futuras puedan traerte.

Capítulo 8: Acordes con cejilla y líneas sencillas

Los acordes abiertos en la guitarra se forman al tocar un patrón establecido de notas y algunas de estas notas están en las cuerdas al aire. Si deslizáramos los dedos hacia arriba en la guitarra, cambiaríamos algunas de las notas del acorde, pero las notas sobre las cuerdas al aire no cambiarían. Esto quiere decir que ya no estaríamos tocando un acorde "reconocido".

Sin embargo, podemos utilizar formas de acordes abiertos más arriba en el diapasón si encontramos una manera de mover las notas de las cuerdas abiertas con nosotros y mantener el patrón de notas. Para ello, los guitarristas utilizan acordes con *cejilla* para "mover las cuerdas abiertas con nosotros" y mantener la forma del acorde igual.

Normalmente, se utiliza el primer dedo para realizar la cejilla a través de las cuerdas. Por lo general, tenemos que cambiar la digitación del acorde ligeramente, pero debido a que no hay cuerdas al aire, un acorde con cejilla se puede tocar en cualquier lugar de una cuerda.

Por ejemplo, mira los siguientes diagramas de acordes para el acorde de Em:

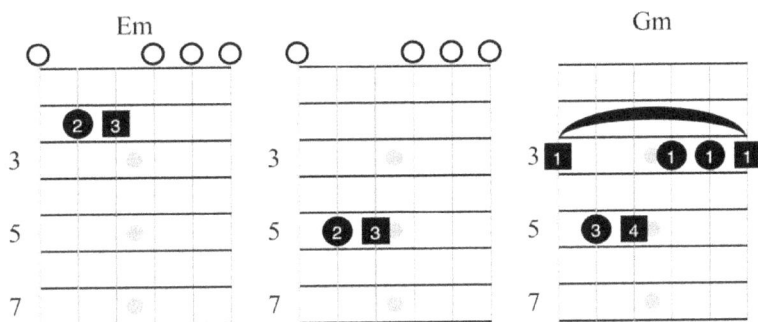

El primer diagrama muestra al acorde de E menor (Em). Considéralo simplemente como un forma de acorde menor por ahora. Este acorde tiene una forma particular que incluye algunas cuerdas al aire.

Si movemos el acorde por tres trastes hacia arriba, pero permitimos que las cuerdas al aire suenen, habremos cambiado la relación entre cada una de las notas y ya no estaremos tocando un acorde menor.

Sin embargo, si sustituimos las cuerdas al aire en el segundo diagrama con una cejilla a través del tercer traste, habremos restaurado la relación entre las notas como se vio en el acorde original Em. La fundamental del acorde todavía está en la sexta cuerda, pero ahora la fundamental se encuentra en el tercer traste por lo que el acorde es *G menor*.

Este acorde con cejilla ahora es una forma "menor" completamente móvil. Siempre que sepas los nombres de las notas en la sexta cuerda puedes mover esta forma hacia cualquier lugar para formar cualquier acorde menor.

Por ejemplo, aquí están los acordes con cejilla de Am y Cm:

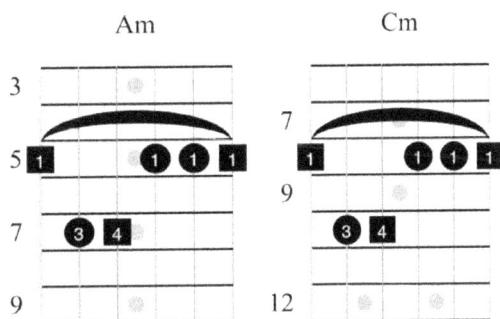

Aprende las notas en la sexta cuerda de la guitarra y practica moviendo el acorde con cejilla alrededor, diciendo el nombre del acorde en voz alta mientras lo tocas. Aquí están las notas de la sexta cuerda:

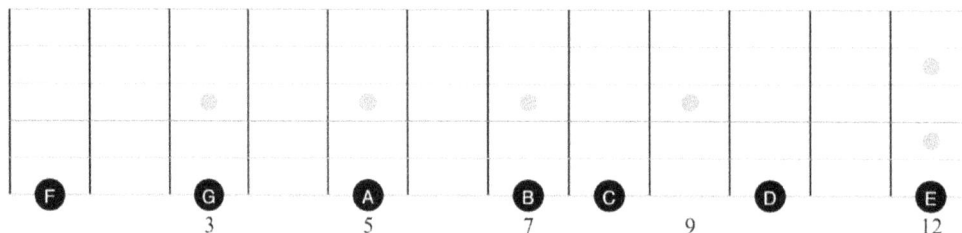

Este proceso funciona para cualquier acorde. Esta forma de acorde menor tiene una fundamental en la quinta cuerda:

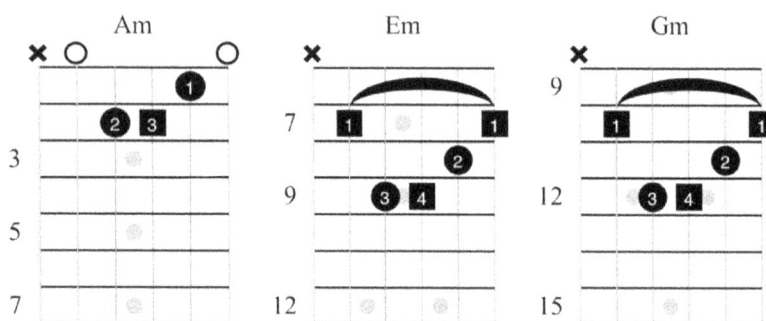

Aprende las notas en la quinta cuerda y, una vez más, practica moviendo este acorde menor a diferentes notas fundamentales. Di el nombre de cada acorde en voz alta cada vez.

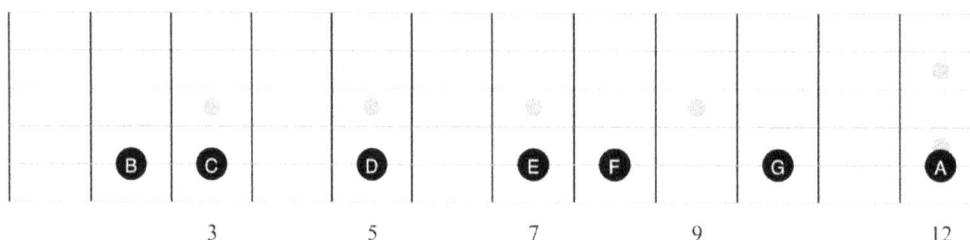

Como estoy seguro de que puedes ver, la gran ventaja de los acordes con cejilla es que sólo necesitamos saber una forma para tocar muchos acordes diferentes. Podemos mover la misma forma de acorde arriba y abajo del diapasón para acceder a Gm, Am y Bm, etc.

A veces es muy difícil tocar ciertos acordes abiertos, así que si no sabes cómo tocar F#m como un acorde abierto, sólo tienes que encontrar la nota F# en la sexta cuerda (o la quinta cuerda) y tocar la forma de acorde adecuada. Esta estrategia es muy útil para buscar una manera de tocar una forma acorde que no conoces.

Normalmente, no es deseable moverse demasiado hacia arriba y abajo de una cuerda, ya que afectará el tono de los acordes, por lo que es mejor moverse a través de las cuerdas si es posible. Por ejemplo, sería mejor tocar la secuencia de acordes de Gm a Cm como en el diagrama siguiente en lugar de tocarla en la misma cuerda:

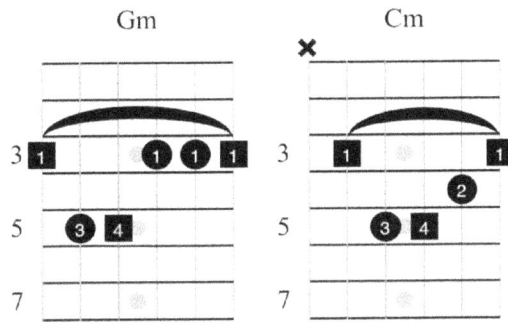

Gm   Cm

Sin embargo, tocar acordes con cejilla en la misma cuerda es algo que ocurre ocasionalmente para crear ciertos efectos especiales.

Hay tres tipos de acordes iniciales que deberías saber como acordes con cejilla. Todos ellos están construidos a partir de formas de acordes de posición abierta. Ya hemos visto formas de acordes menores, ahora aprende las formas para los acordes mayores y los acordes "7" con las fundamentales en las cuerdas sexta y quinta.

Formas mayores:

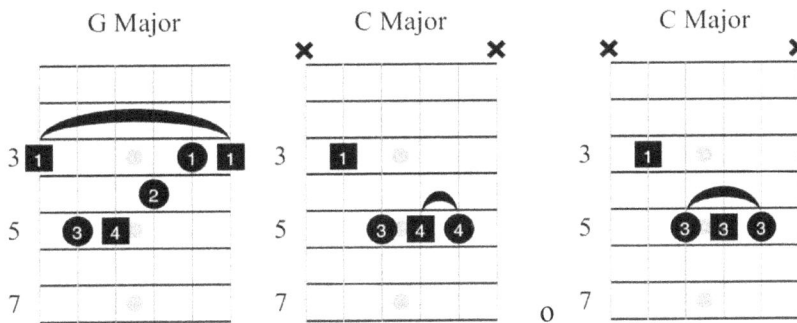

G Major   C Major   C Major

(Observa que la cejilla en la forma mayor en la quinta cuerda se toca con el cuarto dedo, lo cual puede ser complicado. También puedes utilizar tu tercer dedo para cubrir las tres notas con la cejilla si te resulta más fácil).

Formas de 7ma dominante o "7".

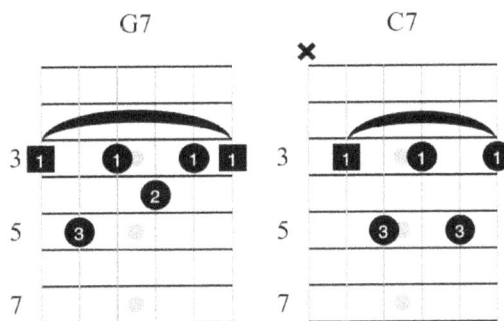

G7   C7

Hay muchas otras formas de acordes con cejilla, pero una vez más, abarcarían todo el libro. Encontrarás más formas a medida que aprendas más canciones, pero si estás interesado en el desarrollo de tus conocimientos sobre acordes, echa un vistazo a mi libro **Acordes de guitarra en contexto –Parte 1**

Los acordes con cejilla son difíciles de aprender al principio y a menudo descubrirás que estás silenciando algunas notas o haciendo que ciertas cuerdas generen un zumbido. Todo el mundo tiene dificultades al principio y mi mejor consejo es practicar en periodos cortos y tratar de ajustar continuamente la posición de la muñeca y el pulgar si oyes zumbidos.

Asegúrate de tomar suficientes descansos y de mantenerte consciente de la cantidad de presión que estás utilizando.

Los acordes con cejilla se utilizan a menudo en su forma completa para tocar progresiones de acordes simples. Una de las progresiones más famosas del rock se puede tocar manteniendo algunas de las formas de acordes vistas anteriormente.

Ejemplo 8a:

Una gran aplicación de los acordes con cejilla se puede ver en esta progresión de rock más larga inspirada en la música barroca.

Ejemplo 8b:

A veces puede ser apropiado utilizar acordes con cejilla con fundamentales en la misma cuerda para crear un efecto específico.

Ejemplo 8c:

Estos acordes también se pueden combinar con las técnicas de bajo de blues mostradas en el capítulo 7. Al dividir el acorde y añadir un poco de movimiento del bajo es posible crear una parte de guitarra compleja típica de las primeras canciones de rock.

Ejemplo 8d:

Los acordes con cejilla completa ocupan una gran cantidad de "espacio" sonoro en una banda. Estamos cubriendo una gran cantidad de frecuencias que probablemente sean duplicadas por los otros músicos, sobre todo si estamos tocando con un tecladista. Incluso la nota más baja de la guitarra puede entrar en conflicto con el bajista si está tocando rellenos en la parte alta del diapasón.

Normalmente es deseable permanecer fuera del camino de los otros instrumentistas de la banda, por lo cual los guitarristas frecuentemente limitarán su interpretación de acordes a tocar sólo las tres o cuatro cuerdas superiores de la guitarra. Hay dos maneras de hacer esto, manteniendo presionado el acorde con cejilla completo y evitando tocar las notas graves con el plectro, o modificando la digitación del acorde.

Ambos métodos tienen ventajas diferentes, aunque modificar la digitación del acorde deja algunos dedos libres que pueden embellecer la parte rítmica, tal como lo viste anteriormente con los acordes abiertos.

Los acordes mayores y menores con cejilla a menudo son modificados de las siguientes maneras.

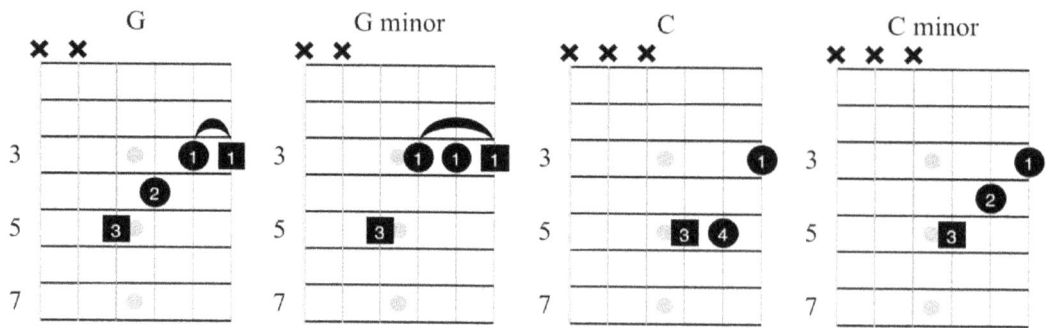

Estas cejillas parciales son muy útiles y se utilizaron con frecuencia en los inicios de la música rock en los años 50 y 60.

Ejemplo 8e:

Debido a que no se están utilizando todos los dedos, esto da la posibilidad de añadir ciertos adornos.

Ejemplo 8f:

Jimi Hendrix llevó esta idea un paso más allá y enganchó el pulgar sobre el diapasón de la guitarra para tocar una nota de bajo del acorde en la sexta cuerda.

G

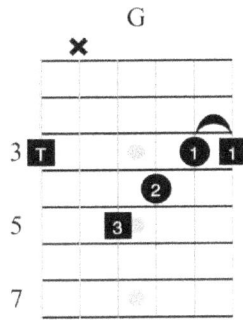

Jimi creció tocando en bandas de R&B en los años 50, por lo que no es sorprendente que tocara frases rítmicas como esta.

Ejemplo 8g:

Ya que estamos en el tema de Jimi Hendrix, hay un acorde con cejilla que ningún intérprete de la guitarra rock puede prescindir. El acorde es un E7#9 con un sonido jazzístico, pero normalmente se conoce simplemente como "El acorde Hendrix".

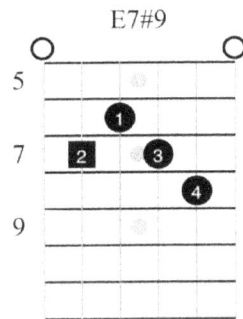

E7#9

Cuando este acorde se toca con una nota fundamental de E, es común usar la sexta cuerda al aire (E) como una nota de bajo duplicada.

El acorde Hendrix tiene un sonido muy distintivo y una vez que puedas tocarlo, siempre llamará tu atención cuando lo escuches.

El siguiente ejemplo te enseña un uso clásico del acorde 7#9 en la guitarra rock.

Ejemplo 8h:

Al igual que con los acordes abiertos, hay muchos adornos disponibles para cada forma de acorde con cejilla y te animo explorar diferentes digitaciones y experimentar con otras notas si la forma de acorde lo permite.

Anteriormente, tocamos un elemento decorativo en un acorde de A mayor abierto que también puede ser visto como una idea de acorde con cejilla. Estudia los siguientes diagramas:

El primer diagrama muestra un acorde con cejilla de C mayor normal y el segundo diagrama muestra el mismo acorde con una digitación diferente sin la fundamental y con dos adornos añadidos.

Realiza una cejilla en el segundo diagrama en el 5to traste y toca la siguiente línea sencilla.

Ejemplo 8i:

El acorde C se toca sin la fundamental y el acorde F tiene su 3ra (A) en el bajo.

C a F (acorde I a acorde IV) es probablemente el movimiento de acordes más común en la música, pero al disimularlo de esta manera ayuda a que suene fresco y nuevo.

Este movimiento de acordes se produce en cientos de canciones de rock clásico (aunque a menudo en diferentes tonalidades con ritmos muy diferentes).

Echa un vistazo a los siguientes ejemplos:

Ejemplo 8j:

Ejemplo 8k:

Ejemplo 8l:

Como lo puedes escuchar, esta combinación de acordes es extremadamente versátil y forma una parte bastante grande del vocabulario rítmico del rock clásico.

Interpretación de ritmos de una sola línea

Mientras que los acordes y los adornos constituyen una gran parte de la interpretación de la guitarra rítmica del rock, muchas canciones se construyen en torno a ideas rítmicas de una sola nota.

A menudo, estas líneas de una sola nota se crean al puntear a través de formas de acordes individuales, pero en ocasiones la frase de una sola nota es la fuerza impulsora detrás de la canción.

Estas frases se basan normalmente en unas pocas notas de la escala pentatónica menor y utilizan bastante repetición para que el oyente no se distraiga demasiado de la melodía del cantante. También encontrarás a menudo que los ritmos utilizados en los riffs de notas individuales son bastante sincopados (tocados entre los pulsos) para que contrasten con la colocación de la melodía vocal. Esto se muestra en el ejemplo 8m:

Ejemplo 8m:

Ejemplo 8n:

El siguiente riff deja bastante espacio para otros instrumentos, como un sintetizador y un órgano Hammond.

A veces, todo lo que necesitas es una escala descendente y una nota de pedal en el bajo.

Ejemplo 8o:

Jimi Hendrix era un maestro de la utilización de sólo unas pocas notas para fijar la parte rítmica de toda una canción.

Ejemplo 8p:

Realmente es cierto que menos es más. Si estás tocando en una banda con otros instrumentos, entonces puede que sólo necesites una secuencia corta de repetición de notas para agregar un poco de movimiento y color a una pista. Si hay otra guitarra en la banda, sería raro que quisieras que las dos guitarras toquen exactamente lo mismo.

Sección del estilo de rock clásico

La parte final de este libro examina algunas ideas de rítmicas del rock clásico de las últimas seis décadas. Por supuesto, la música a través de cualquier período de diez años será variada y diversa; sin embargo, ciertos elementos estilísticos tienden a sobresalir.

A partir de los inicios del rock en los años 50 examinaremos figuras rítmicas que se han convertido en el conocimiento esencial para el guitarrista moderno.

Verás cómo el vocabulario cubierto hasta ahora en este libro se puede combinar para formar música innovadora y revolucionaria.

Si sólo te identificas con la música moderna, no descartes las ideas que se sienten un poco "anticuadas" y pasadas de moda. La música tiene una cronología y una historia, y toda la música nueva se basa de alguna manera en el vocabulario del pasado. La música también pasa de moda. Las bandas de rock famosas de los años 90 fueron fuertemente influenciadas por la música de los años 60, y el rock "shred" de los 80 regresó durante un tiempo a principios de la década del 2000.

Todos los guitarristas de rock son de alguna manera influenciados por los músicos que pasaron antes, y la comprensión de las influencias de tus héroes de la guitarra te ayudará a desarrollar un conocimiento profundo del estilo de tu icono.

Por ejemplo, Jimmy Page fue fuertemente influenciado por los primeros guitarristas de blues y creció tocando Skiffle.

Eric Clapton fue fuertemente influenciado por Muddy Waters y Robert Johnson. Eddie Van Halen citó a Eric Clapton como una influencia esencial.

Tony Iommi dijo que Django Reinhardt y Hank Marvin fueron intérpretes importantes para su desarrollo como músico. ¡El árbol genealógico del rock se pone bastante complicado!

Esto es solamente para demostrar que nunca sabes cómo se ha desarrollado el estilo de interpretación de una leyenda. Mi consejo es escuchar todo lo que puedas y aprender a analizar una canción, incluso si tiene más de 70 años. Averigua qué hace que funcione y escribe riffs utilizando esos enfoques.

Antes de darte cuenta tendrás un catálogo de riffs en muchos estilos diferentes y estarás en camino a convertirte en un compositor creativo.

Como ya he mencionado en la introducción, no puedo dar transcripciones exactas nota por nota de piezas musicales aquí, ya que sería una violación de los derechos intelectuales del autor. Esta sección contiene riffs al estilo de bandas importantes de cada década.

¡Advertencia! Las siguientes secciones contienen listas extensas de escucha recomendada. Puede que tus álbumes favoritos no aparezcan en el listado, pero te aseguro que se debe a razones de espacio limitado y no a una omisión deliberada. ¡No dudes en ponerte en contacto a través de **www.fundamental-changes.com** si sientes que he omitido algo que claramente haya marcado un género!

Capítulo 9: La guitarra rítmica del rock a través de las décadas

La década de 1950

La década de 1950 vio el inicio del rock alimentado en parte por la introducción de la primera guitarra eléctrica de cuerpo sólido disponible comercialmente en 1948. Se considera generalmente que la primera canción de rock and roll fue *Rocket 88* por Ike Turner, con una parte de guitarra distorsionada basada en el swing y el rhythm and blues de los años 30 y 40. A lo largo de la década, el rock and roll comenzó a evolucionar con otros notables artistas como *Bill Haley and his Comets, Fats Domino, Chuck Berry, Little Richard, Eddie Cochran, Buddy Holly* y, por supuesto, *Elvis Presley.*

Si bien la guitarra eléctrica se fue volviendo más común en la música popular, la mayor parte del Rock n' Roll de los años 50 estaba guiada por el piano. No pases por alto a artistas como Fats Domino cuya música era predominantemente guiada por el piano.

Selección recomendada

Chuck Berry is on Top – Chuck Berry
Rock and Roll – Elvis Presley
The "Chirping" Crickets – The Crickets
Here's Little Richard – Little Richard
Go Bo Diddley – Bo Diddley
Buddy Holly – Buddy Holly
Shake, Rattle and Roll – Bill Haley and his Comets
Jailhouse Rock – Elvis Presley

Estilos rítmicos

Debido a que el Rock n' Roll inicial surgió del R&B, no es sorprendente encontrar bastante de su influencia en esta primera década. En el estilo de Bill Haley, esta parte de guitarra deja un vacío en el pulso uno (como era común en las partes de guitarra de la mayoría del R&B) y también utiliza un rico acorde E9 en el tercer compás.

Ejemplo 9a:

La guitarra de rock inicial también fue influenciada fuertemente por las progresiones de acordes del blues y el R&B, aunque en lugar de una sensación de tresillo lenta, el rock tenía frecuentemente un tempo rápido y ritmo parejo.

El siguiente ejemplo en el estilo de Chuck Berry es una estructura de acordes común en el rock. Se basa en la secuencia de acordes de un estándar de blues de 12 compases, pero todo se comprime en sólo 8 compases. El blues de 8 compases se convirtió en un elemento básico de la guitarra rock y se ha utilizado comúnmente en los últimos sesenta años, con bandas como Status Quo haciendo toda una carrera a partir de este tipo de idea.

En este ejemplo, utiliza tu primer y tercer dedo para tocar el acorde de quinta inicial y estira tu cuarto dedo para llegar al 9no traste. Si no puedes estirar lo suficiente, intenta deslizar el dedo pulgar hacia abajo en el diapasón un poco. Experimenta con diferentes cantidades de *palm muting* en la mano que puntea.

Ejemplo 9b:

Los guitarristas rítmicos también tocaban líneas de arpegio de notas individuales en "estilo de bajo" que dejaban bastante espacio para que el piano tocara una parte de acordes improvisados. A menudo esta parte se tocaba con distorsión para sobresalir entre los otros instrumentos.

Trata de tocar la siguiente línea de notas individuales en torno a los cambios de acordes de cualquiera de los ejemplos anteriores. Esbozar los acordes con ideas de arpegio puede ser un gran contraste con la otra parte de guitarra que esté tocando acordes simples.

Ejemplo 9c:

El Rock n' Roll de los años 50 constituyó los cimientos de todo lo que vendría después. Es importante conocer las raíces del estilo que quieres tocar, y este tipo de riffs son muy prácticos para un músico que trabaja día a día.

La música de los años 60 que marcaría el genero tomó muchas de las características del Rock n' Roll los años 50 y las fundió en una forma cruda y potente.

La década de 1960

La década de 1960 fue la década en la que la música rock comenzó a tomar su propia forma y se diversificó en gran medida. Mientras que los músicos como Elvis todavía estaban teniendo éxito en las listas, la "invasión británica" de los Rolling Stones, Cream, The Who y Led Zeppelin, entre muchos otros estaban saltando a la fama. Los años 60 comenzaron a ver una especie de polinización cruzada de la música a través del Atlántico, con artistas estadounidenses como Jimi Hendrix y The Velvet Underground apareciendo en las listas del Reino Unido.

El contenido de las letras de la música rock comenzó a moverse hacia el comentario político y la conciencia social destacada por *My Generation* de The Who. Es interesante notar, sin embargo, que muchas de las canciones del álbum del mismo nombre aún le deben mucho al R&B y al blues.

En los EE.UU., la música rock comenzó a obtener cobertura en horario estelar en programas como Ed Sullivan Show, y a finales de los 60 se vieron los primeros festivales de rock, culminando en 1969 cuando medio millón de personas fueron al festival de Woodstock de tres días.

Selección recomendada

My Generation – The Who
Are you Experienced / Electric Ladyland / Axis: Bold as Love – Jimi Hendrix
Cream – Disraeli Gears / Goodbye
The Animals – The Animals
Kinks – The Kinks
Sgt Pepper's Lonely Hearts Club Band / A Hard Day's Night / The White Album – The Beatles
Led Zeppelin / Led Zeppelin 2 – Led Zeppelin
The Doors – The Doors
The Rolling Stones / Aftermath / Let it Bleed / Between the Buttons – The Rolling Stones
The Band – The Band
The Velvet Underground – The Velvet Underground and Nico
Green River – Creedence Clearwater Revival
Roger the Engineer / Little Games / For Your Love – The Yardbirds
In the Court of the Crimson King – King Crimson
Black Sabbath – Black Sabbath

Es imposible enumerar todos los músicos y bandas importantes de la década de 1960 ¡por lo tanto aquí se requiere una extensa escucha! Todo el catálogo de los Beatles es esencial, así como el trabajo de Hendrix, los Rolling Stones, Cream y Led Zeppelin. También es importante mirar las bandas firmadas en Motown records, y el resurgimiento de los artistas afroamericanos a través de los sellos disqueros Atlantic y Stax. La música no existe en el vacío y se necesita una gran profundidad de escucha para oír cómo los estilos se influenciaron mutuamente.

Estilos rítmicos

El primer ejemplo muestra sólo una forma en que las bandas en la década de 1960 se basaron en la progresión de acordes I a IV "estándar". Mediante el uso de acordes de quinta acercándose al acorde objetivo desde un tono por debajo podían crear un riff contundente y dinámico.

Ejemplo 9d:

El siguiente ejemplo muestra cómo una simple progresión de acordes de estilo folk se puede convertir en rock de los 60. Mientras que muchas bandas estaban lanzando acordes de quinta, estos cuatro acordes formaron una de las canciones más exitosas en ventas y más perdurables de los años 60.

Este ejemplo se puede tocar limpio y permitiendo que el sonido siga libremente, pero también prueba añadiendo un poco de ganancia y un silenciamiento más firme y tocando la parte de forma directa, y no oscilante como está escrita.

Esto simplemente es para demostrar que a veces todo lo que necesitas son cuatro acordes y unas letras estupendas.

Ejemplo 9e:

Una parte de guitarra rítmica también puede ser impulsada por una frase de una sola línea, con artistas como los Rolling Stones, Jimi Hendrix, y Led Zeppelin utilizando este enfoque. A menudo es lo pegadizo de este gancho lo que hace que la canción sea reconocible al instante.

Usa suficiente distorsión para lograr que tu guitarra se empiece a fragmentar y añade un poco de fraseo para crear un ambiente de los años 60.

Ejemplo 9f:

El siguiente ejemplo muestra una excelente manera de combinar una línea líder con un riff de acordes de quinta devastador.

Sube el volumen y mantén el rasgueo firme.

Ejemplo 9g:

Algunos podrían argumentar que los 60 culminaron con el festival de Woodstock y con la declinación del corto período psicodélico, Led Zeppelin marcó el comienzo de una nueva era de heavy rock y metal.

La década de 1970

En los años 70 el hard rock y la psicodelia se combinaron para formar el rock progresivo con bandas notables como Yes, Genesis, King Crimson y Pink Floyd.

Definitivamente había una sensación de "mayoría de edad" con bandas que se estaban desarrollando a finales de los 60 permaneciendo fuertes lo largo de los años 70. Artistas como Led Zeppelin, Rolling Stones y The Who viajaban en aviones privados a estadios completamente llenos por todo el mundo.

Las bandas de hard rock como Led Zeppelin influenciaron a bandas como Deep Purple para cambiar la dirección y formar el movimiento del heavy metal de artistas como Black Sabbath y Alice Cooper.

Queen lanzó su primer álbum en 1973 y pasaría a dominar las próximas dos décadas con su propio estilo de rock particular.

Los años 70 estuvieron llenos de pérdidas importantes para la comunidad musical. Jimi Hendrix, Jim Morrison y Janis Joplin todos fallecieron a los 27 años de edad y los Beatles se separaron en 1970, aunque todos los cuatro miembros llegaron a tener carreras exitosas.

El rock accesible, lírico y popular fue escrito por artistas como Bruce Springsteen y Bob Seger y tuvo enorme difusión en radio y televisión. Debido a la proliferación de las discográficas y las estaciones de radio, el rock continuó evolucionando. Los años 70 vieron la aparición del glam, el disco, el punk y el new wave. Los últimos años de la década del 70 proclamaron una nueva era del rock con guitarra y melenas con bandas como Van Halen.

Selección recomendada

Rumours – Fleetwood Mac
The Wall / Animals / Wish You Were Here – Pink Floyd
Let it Be – The Beatles
Led Zeppelin III / IV / Physical Graffiti – Led Zeppelin
Queen / Queen II / Sheer Heart Attack / A Night at the Opera – Queen
Band on the Run – Wings
Machine Head – Deep Purple
Born to Run – Bruce Springsteen
Paranoid – Black Sabbath
Never Mind the Bollocks, Here's the Sex Pistols – The Sex Pistols
London Calling – The Clash
Selling England by the Pound – Genesis
Unknown Pleasures – Joy Division
Dire Straits – Dire Straits
Boston – Boston
Aja – Steely Dan
Off the Wall – Michael Jackson
Who's Next – The Who
Fragile – Yes
Dark Side of the Moon – Pink Floyd
Van Halen – Van Halen
Kiss / Alive – Kiss
(pronounced "lĕh-'nérd "skin-'nérd) – Lynyrd Skynyrd

Estilos rítmicos

Las bandas de rock "de estadio" tales como Led Zeppelin y The Who siguieron dominado gran parte de los años 70, pero ahora sus riffs eran más afilados y más potentes. Este primer ejemplo muestra cómo puedes utilizar ligados descendentes (pull-offs) desde un acorde A para añadir movimiento y emoción a una progresión simple de tres acordes.

Ejemplo 9h:

A veces, un sólo acorde ligeramente inesperado puede crear un sentimiento que puede durar por toda una generación. Combinar esto con un fraseo inteligente en pulsos inacentuados le suma a la potencia y al efecto dramático de la siguiente parte rítmica.

Ejemplo 9i:

Una vez más, el fraseo firme en pulsos inacentuados y el control se combinan para crear una parte rítmica que impulsa la canción.

Ejemplo 9j:

El último ejemplo nos enseña un nuevo giro en un shuffle de blues. Súbele un poco al crunch y tócalo con actitud.

Ejemplo 9k:

La década de 1980

Los inicios de los años 80 vieron el resurgimiento del hard rock con bandas como Mötley Crüe alcanzando la fama después del período glam de los años 70. El heavy metal se hizo popular luego de la incursión de la New Wave of British Heavy Metal (NWOBHM) con bandas como Judas Priest, Saxon y Motörhead.

Como reacción al glam, el género del *thrash metal* también se formó en California con bandas como Metallica, Anthrax y Slayer siendo algunos de los principales exponentes.

Guns N' Roses sacudió la escena con Appetite for Destruction en 1987 y dominaron las listas de éxitos con su enfoque único de hard rock accesible.

El éxito de bandas como Van Halen, Queen y AC/DC se extendió por una década que también vio la reaparición de artistas como Alice Cooper y Aerosmith. La década de 1980 fue también la década de "el virtuoso de la guitarra" con intérpretes como Eddie Van Halen, Joe Satriani, Steve Vai y Randy Rhoads ganando amplio reconocimiento.

Del movimiento post-punk, artistas importantes incluyen a The Cure y The Smiths, quienes se alejaron de los sonidos oscuros del movimiento punk y añadieron sofisticación lírica.

Instrumentalmente, los años 80 vieron una mayor influencia de los sintetizadores y los instrumentos digitales y la proliferación de las técnicas de grabación digital, lo que permitió un mayor uso de efectos multi-tracking y efectos de estudio.

Selección recomendada

Brothers in Arms – Dire Straits
Born in the USA – Bruce Springsteen
Synchronicity – The Police
Slippery When Wet – Bon Jovi
Hysteria – Def Leppard
The Queen is Dead – The Smiths
5150 / 1984 – Van Halen
Appetite for Destruction – Guns N" Roses
Ace of Spades – Motörhead
Master of Puppets – Metallica
Among the Living – Anthrax
Surfing with the Alien – Joe Satriani
Passion and Warfare – Steve Vai (1990)
Extreme – Extreme
Greatest Hits / A Kind of Magic – Queen
Blizzard of Ozz / Diary of a Madman / The Ultimate Sin – Ozzy Osbourne
Back in Black – AC/DC
Licensed to Ill – The Beastie Boys
Too Fast for Love / Shout at the Devil / Dr Feelgood – Mötley Crüe
Whitesnake / Slide it in – Whitesnake
The Unforgettable Fire / War / The Joshua Tree – U2

Estilos rítmicos

Los acordes se tocaban a menudo como golpes rítmicos en lo que de otra manera sería una armonía estática. El siguiente ejemplo utiliza los acordes con cejilla vistos en la página 71 para crear movimientos armónicos sobre un tono de pedal de A. Mantén las cuerdas al aire silenciadas y deja que los acordes salgan.

Ejemplo 9l:

Las bandas de rock como Van Halen, Whitesnake y Extreme a menudo utilizaron la siguiente adición al acorde mayor con cejilla para añadir algo de movimiento a la parte rítmica. Piensa en estas formas como acordes de quinta extendidos y añade la nota adicional con tu cuarto dedo.

Ejemplo 9m:

A veces sólo se necesitan unos pocos acordes para anunciar un gran regreso. La siguiente parte rítmica al estilo de AC/DC combina una línea pegadiza con tres acordes de quinta simples.

Ejemplo 9n:

La década de 1990

Los inicios de los años 90 estuvieron dominados por el sonido del *grunge*, un movimiento musical formado en Seattle como una manera de rescatar la música rock de las manos de las actuaciones virtuosas de los años 80. Los artistas más importantes fueron Nirvana, Pearl Jam y Alice in Chains, y todas estas bandas le enseñaron a una generación que no tienes que ser Eddie Van Halen para tocar la guitarra.

Las bandas de rock "alternativo" consiguieron el éxito comercial y las ideas de los Red Hot Chili Peppers que fusionaban el funk con una estética de rock para convertirse en una de las bandas más importantes de la década.

En el Reino Unido, el Britpop fue influenciado por las bandas británicas de los años 60 y 70, y una vez más habló de una contracultura juvenil. Oasis lanzó el segundo álbum más vendido de todos los tiempos en el Reino Unido con *(What's the Story) Morning Glory.*

Selección recomendada

Nevermind / In Utero– Nirvana
Ten / Vs – Pearl Jam
Metallica (The Black Album) – Metallica
Dookie – Green Day
Blood Sugar Sex Magik / Californication – Red Hot Chili Peppers
(What's the Story) Morning Glory – Oasis
Superunknown – Soundgarden
Rage Against the Machine / Evil Empire – Rage Against the Machine
Follow the Leader – Korn
Ænima – Tool
OK Computer / The Bends – Radiohead
Weezer – Weezer
Urban Hymns – The Verve
Use Your Illusion I / II – Guns N" Roses
Grace – Jeff Buckley
Make Yourself / S.C.I.E.N.C.E. – Incubus
Sublime – Sublime
Parklife – Blur
Everything Must Go – Manic Street Preachers
Different Class – Pulp
The Stone Roses – The Stone Roses (1989)
Pills "n" Thrills and Bellyaches – The Happy Mondays
Vulgar Display of Power / Cowboys from Hell – Pantera
Foo Fighters – Foo Fighters
Significant Other – Limp Bizkit
Doolittle – Pixies (1989)

Estilos rítmicos

El grunge se trataba menos sobre la capacidad instrumental y más sobre el mensaje de que la música era para la gente. El primer ejemplo utiliza acordes de quinta simples y una sensación de ritmo directo para generar un impacto a la vez que permite que el mensaje vocal sea recibido.

Ejemplo 9o:

El rock en los años 90 a menudo estaba formado por frases pegadizas y repetitivas que utilizaban acordes y ritmos sencillos.

Ejemplo 9p:

El siguiente ejemplo está un poco más hacia el lado del pop así que usa un tono limpio y mucho ataque con el plectro. La siguiente figura de ritmo se basa en una de las canciones más exitosas de 1991. Una vez más, observa como el ligado ascendente (hammer-on) con estilo de rock ha sido adaptado a un riff con sonido más de funk.

Ejemplo 9q:

El britpop le debía mucho a las bandas de los años 60 y 70, en particular a los Beatles. El siguiente ejemplo utiliza notas sostenidas sobre una línea de bajo descendente para construir una canción épica.

Ejemplo 9r:

La década del 2000

En la década del 2000 el Internet fue una fuerza impulsora en la promoción y el descubrimiento de la música. Debido a que los artistas ahora podían distribuir su música libremente sin necesidad de sellos disqueros, comenzó a producirse una fragmentación definitiva de géneros. También era más fácil para los artistas encontrar inspiración de nuevas influencias.

Fuera de los EE.UU., el britpop todavía era muy popular, aunque al final de la década las bandas querían quitarse su etiqueta de britpop, llamándose a sí mismas "post-britpop" a pesar de seguir teniendo influencia de bandas como los Rolling Stones y los Beatles.

El rock alternativo y otros géneros de hard rock, como el nu metal, post-grunge y emo florecieron a partir de géneros más establecidos y de mayor antigüedad. A mediados de la década hubo una ligera reactivación del power rock, encabezada por bandas como The Darkness.

En los estilos de rock más pesados, las guitarras de siete cuerdas se volvieron comunes después de ser cada vez más habituales a finales de los años 90 a través de bandas como Korn y Limp Bizkit.

Selección recomendada

Continuum – John Mayer
Black Holes and Revelations – Muse
Bleed American – Jimmy Eat World
This Is It – The Strokes
Audioslave – Audioslave
Lateralus – Tool
American Idiot – Green Day
Permission to Land – The Darkness
X & Y – Coldplay
Echo Park – Feeder
In Your Honor / One by One– Foo Fighters
City of Evil / Waking the Fallen – Avenged Sevenfold
The Green Album – Weezer
Employment – Kaiser Chiefs
In Keeping Secrets of Silent Earth: 3 – Coheed and Cambria
From Under The Cork Tree – Fall Out Boy
Take Off Your Pants and Jacket – Blink-182
Songs for the Deaf – Queens of the Stone Age

Funeral – Arcade Fire
White Blood Cells / Elephant – The White Stripes
Toxicity – System of a Down
Reinventing the Steel – Pantera
The Black Parade – My Chemical Romance

Estilos rítmicos

Estos ejemplos se centran en el lado más accesible del rock, si quieres ir un poco hacia el lado más oscuro, echa un vistazo al libro **Heavy Metal Rhythm Guitar** por Rob Thorpe. En el cambio de milenio la música rock era muy variada por lo que debes considerar los siguientes ejemplos sólo como la punta del iceberg.

Mantén el primer ejemplo definido, staccato y agresivo. Imagina cada acorde completo como un gran martillo derribando un muro de piedra.

Ejemplo 9s:

El siguiente ejemplo fue inspirado por poderosos riffs de Green Day, así que tócalo rápido y fuerte. Observa cómo con solo empujar el acorde D5 a un pulso inacentuado se establece una serie de acontecimientos que no se resuelve sino hasta la mitad del compás siguiente.

Ejemplo 9t:

El siguiente ejemplo es un *You Really Got Me* para una nueva generación. Los acordes de quinta enérgicos y sincopados, y un lick pegadizo ponen todo junto.

Ejemplo 9u:

Este último ejemplo combina fragmentos de acordes con cejilla con un pequeño adorno repetitivo para crear una parte de ritmo vaporoso y memorable que crea una gran contraposición para una melodía vocal intensa.

Ejemplo 9v:

La década del 2010

Esta década ha estado dominada por bandas de rock como Foo Fighters, Avenged Sevenfold, Bullet for my Valentine y Fall Out Boy. Sin embargo, también ha habido un resurgimiento de algunos de los grandes nombres del rock, tales como AC/DC y Van Halen.

En términos generales, el más suave "pop" rock le debe mucho a las bandas grunge de los años 90, mientras que las partes de guitarra de rock más pesadas todavía utilizan muchas ideas de acordes de quinta que tienen un estilo similar a las bandas de "melenudos" de los años 80. Sin embargo, el rock ahora es más diverso que nunca, con un sub-género para todos los gustos. No espero siquiera estar cerca de cubrir todos los estilos aquí, pero algunas ideas importantes figuran a continuación.

Selección recomendada

The Suburbs / Reflektor – Arcade Fire
Suck It and See – Arctic Monkeys
Wasting Light / Sonic Highways – Foo Fighters
El Camino / Turn Blue – The Black Keys
Hail to the King – Avenged Sevenfold
Culture Clash – The Aristocrats
MBV – My Bloody Valentine
…Like Clockwork – Queens of the Stone Age
Modern Vampires of the City – Vampire Weekend
Wrecking Ball – Bruce Springsteen

Estilos rítmicos

Un ejemplo más pesado con acordes de quinta inicia esta década: presta especial atención a los scratches silenciados y mantén el silenciamiento bien definido en la mano que rasguea.

Ejemplo 9w:

Ten cuidado con la sensación de shuffle del siguiente riff. Toca los acordes ligeramente de forma más directa en los segundos cuatro compases para volver a crear un riff de himno.

Ejemplo 9x:

Aquí hay otro riff con mucha síncopa que muestra las raíces de los 60 del rock moderno.

Ejemplo 9y:

Conclusiones y consejos para la práctica

En este libro he tratado de darte las herramientas necesarias para convertirte en un intérprete de la guitarra rítmica del rock seguro, preciso y competente. Si has trabajado en la primera parte de este libro, entonces estás es camino a ser capaz de tocar cualquier ritmo que puedas concebir. Asegúrate de seguir volviendo a estos ejercicios, pues nuestro sentido del ritmo se puede volver un poco descuidado con el tiempo.

Una idea útil para la práctica es utilizar los ejercicios de la primera parte como un calentamiento rápido todos los días antes de empezar tu práctica. Incluso si tomas solo diez minutos para centrarte en el ritmo antes de empezar a tocar tendrá un efecto de gran impacto y positivo en el resto de la práctica que hagas en esa sesión.

Los guitarristas a menudo están tan distraídos por las escalas, los arpegios y los conceptos de la guitarra líder que a menudo olvidamos que "la nota correcta tocada en el momento equivocado es todavía una nota equivocada". El desarrollo de un control consciente de tu colocación rítmica te permitirá utilizar cualquier otro concepto musical de forma mucho más fluida. La construcción de un fuerte sentido del ritmo fue sin duda la parte de mi desarrollo que me permitió oír que a menudo los guitarristas están utilizando ideas simples; sólo que las están tocando con una sincronización impecable.

Practica siempre con una combinación de pistas de acompañamiento y un metrónomo. Las pistas de acompañamiento pueden ser más divertidas, ya que te dan más groove para trabajar; sin embargo, dejar todo en términos de un simple clic te hace trabajar más duro para desarrollar tu propio sentido del tiempo.

A medida que mejora tu sentido del tiempo, trata de reducir a la mitad la velocidad del metrónomo y oír el clic como los pulsos dos y cuatro del compás. Ya que tienes que llenar los pulsos uno y tres tú mismo, estás obligado a concentrarte más, lo que a su vez desarrolla tu sentido del ritmo aún más. Con el tiempo, es posible que puedas practicar con el clic sólo en el pulso cuatro.

Como guitarrista moderno, la precisión rítmica es una de las habilidades más importantes que puedes desarrollar. Tener el control de qué y *cuándo* tocas te hará un intérprete valioso en cualquier banda. A veces parece que todo el mundo quiere tocar la guitarra líder, pero la verdad es que ser un intérprete de la guitarra rítmica versátil y creativo te abrirá muchas más puertas.

La única cosa que es muy difícil de enseñar es la *creatividad*; sin embargo, creo que cuanto más aprendemos acerca de la música de otros, más vamos a absorber. Todas estas ideas luego se combinan en nuestro subconsciente y, finalmente, salen como nuestra propia voz distintiva.

Si te quedas atascado escribiendo tus propios riffs y partes rítmicas, ponte la tarea de escribir una parte "al estilo de" un guitarrista en particular. Escucha con atención sus ideas rítmicas y trata tu progresión de acordes problemática de la misma manera. Si haces este ejercicio y moldeas tu interpretación a partir de tres o cuatro guitarristas diferentes, entonces puedo garantizar que vas a lograr crear algo original y personal después de un corto tiempo.

La experimentación siempre es la clave, y trabajar con otros músicos ayuda. En la música, el todo es generalmente mayor que la suma de sus partes y esta idea se aplica también a la creatividad. Si vas a escribir canciones, reúne algunos músicos en una sala y dales rienda suelta para que sean creativos con tus ideas. No te aísles tratando de escribir todo tú solo, pero asegúrate de haber practicado lo suficiente como para ser capaz de tocar cualquier cosa que surja en la sesión de composición, incluso si te toma unos pocos minutos.

Escucha todo lo que puedas, tanto dentro como fuera de tu género preferido. Cuanto más escuches, más encontrarás para tocar. Tu cerebro se convertirá en un gran mezclador de ideas musicales y siempre tendrás algo que decir en tu instrumento.

Creo que también es importante dedicar unos minutos para escuchar música que *no* te gusta, siempre y cuando seas analítico acerca de qué es lo que te irrita. Recuerda que muchas progresiones de acordes son utilizadas una vez tras otra en todas las formas de la música, así que ten claro qué es lo que no te gusta. Por ejemplo, podría ser la melodía, la producción, el tono de la guitarra o la línea de bajo ... La lista es interminable.

El otro aspecto de escuchar ocasionalmente música que no te gusta es que a veces hay una gran idea que puedes recoger y "re-direccionar" hacia tus propias necesidades. Tal vez esa sección intermedia de Justin Bieber funcionaría mejor rediseñándola en tu obra maestra de nu metal.

Con sólo un rango limitado de acordes comunes, los músicos se prestan ideas mutuamente todo el tiempo, a menudo inconscientemente. Nunca plagies, pero está bien dejarse inspirar por las obras de los demás. Transcribir la música de los demás es una de las maneras más rápidas para dominar tu instrumento.

La música nos permite encontrar una voz, y siempre debe ser una experiencia positiva para todos los involucrados. Por lo menos, asegúrate de disfrutar lo que haces.

¡Que te diviertas!

Joseph

Apéndice: Ejercicios rítmicos avanzados

Las siguientes páginas contienen los ejercicios rítmicos más avanzados de la Primera parte de este libro para que puedas equilibrar los ejemplos técnicos y musicales con mayor facilidad. Se incluyen como descargas de audio con sus números de pistas originales.

Ejemplos avanzados del capítulo 4

Hay otras cinco agrupaciones rítmicas importantes que combinan dos semicorcheas y dos silencios de semicorchea. Los cubriremos aquí para completar, aunque a estas alturas es probable que ya estés empezando a entender estas permutaciones tú solo.

Vamos a ver cada agrupación a su vez, y a estudiar un ejemplo rítmico para cada una. Estos ejemplos se ponen progresivamente más difíciles, pero si los abordas despacio y siempre mantienes tu mano que rasguea en movimiento dentro del tiempo, los dominarás rápidamente. Como siempre, escucha y toca junto con el audio. Tu progreso mejorará dramáticamente.

Aprende los siguientes ejemplos de la misma manera que aprendiste los anteriores. Comienza con rasgueos silenciados completos antes de tocar notas individuales silenciadas y finalmente añade acordes de quinta estáticos seguidos por los cambiantes.

Ejemplo 4q:

Ejemplo 4r:

Ejemplo 4s:

Ejemplo 4t:

Ejemplo 4u:

Ejemplo 4v:

Ejemplo 4w:

Ejemplo 4x:

Ejemplo 4y:

Ejemplo 4z:

Ejemplos avanzados del capítulo 5

Para poner a prueba tus habilidades, aquí hay algunas partes rítmicas muy espaciadas para probar.

A medida que comiences a dominarlas, trata de tocarlas con la pista de acompañamiento 1 antes de avanzar a las pistas de acompañamiento más rápidas.

Comienza con rasgueos silenciados antes de pasar a un acorde E5 y luego usar secuencias de acordes.

Ejemplo 5k:

Ejemplo 5l:

Ejemplo 5m:

Crea tantos de estos tipos de ritmos como puedas. Podrías empezar por escribir ritmos de forma arbitraria y combinando aleatoriamente diferentes ritmos de semicorchea.

La habilidad de tocar golpes de acordes dispersos te hará sobresalir como un excelente guitarrista rítmico de rock. Practica cada ritmo con pistas de acompañamiento y con el metrónomo. Es más fácil practicar con una pista de acompañamiento, pero tendrás que trabajar más duro y ser más autosuficiente si sólo utilizas un metrónomo. Lo ideal es combinar ambos enfoques.

Otros libros de Fundamental Changes

Guía completa para tocar guitarra blues – Libro 1: Guitarra rítmica

Guía completa para tocar guitarra blues – Libro 2: Fraseo melódico

Guía completa para tocar guitarra blues – Libro 3: Más allá de las pentatónicas

Guía completa para tocar guitarra blues – Compilación

El sistema CAGED y 100 licks para guitarra blues

Cambios fundamentales en guitarra jazz: la ii V I mayor

Solos de jazz blues para guitarra

Escalas de guitarra en contexto

Acordes de guitarra en contexto

Dominio de los acordes en guitarra jazz (Acordes de guitarra en contexto –Parte 2)

Técnica completa para guitarra moderna

Dominio de la guitarra funk

Teoría, técnica y escalas – Compilación completa para guitarra

Dominio de la lectura a primera vista para guitarra

El sistema CAGED y 100 licks para guitarra rock

Guía práctica de la teoría musical moderna para guitarristas

Lecciones de guitarra para principiantes: Guía esencial

Solos en tonos de acorde para guitarra jazz

Guitarra rítmica en el heavy metal

Guitarra líder en el heavy metal

Solos pentatónicos exóticos para guitarra

Continuidad armónica en guitarra jazz

Solos en jazz – Compilación completa

Compilación de acordes para guitarra jazz

Fingerstyle en la guitarra blues

Solos en rock melódico para guitarra

Pop y rock para ukulele: Rasgueo

Se social

Para obtener cientos de lecciones de guitarra gratuitas visita **www.fundamental-changes.com**

Únete a más de 7000 personas que están obteniendo seis lecciones de guitarra gratuitas todos los días en Facebook:

www.facebook.com/FundamentalChangesInGuitar

Mantente al día en Twitter

@Guitar_Joseph

Imagen de portada © ShutterStock / mrkornflakes